Pflichtenkollision
und
Rechtswidrigkeitsurteil

von

Dr. HARRO OTTO

Assistent am Seminar für Strafrecht und
Kriminalpolitik der Universität Hamburg

Hamburg
Cram, de Gruyter & Co.
1965

Diese Arbeit hat der Rechtswissenschaftlichen Fakultät
der Universität Hamburg im Jahre 1964 als Dissertation
vorgelegen.

Gesamtherstellung: Graph. Betrieb Gebr. Rasch & Co., Bramsche/Osnabrück
Printed in Germany

INHALTSVERZEICHNIS

Einleitung

Das Problem des Pflichtenwiderstreites und die Wege seiner Lösung haben die Strafrechtswissenschaft durch die Jahrhunderte beschäftigt.

Trotz zahlloser Äußerungen philosophischer Autoritäten, trotz umfangreicher Stellungnahmen angesehener Strafrechtswissenschaftler, zum Teil mit großem Pathos und zahllosen Argumenten vorgetragen, fehlt es dennoch heute an einer allgemein anerkannten verbindlichen Lösung der Grenzfälle.

Gewiß, das Prinzip des sogenannten übergesetzlichen Notstandes, aus dem Grundsatz der Güter- und Pflichtenabwägung in der Lehre entwickelt, vom Reichsgericht zunächst in Einzelfällen herangezogen, ist mit der bahnbrechenden Entscheidung RGSt 61, S. 242ff., insbes. S. 254, als Rechtfertigungsgrund unstreitig. Das Reichsgericht führte aus: »In Lebenslagen, in welchen eine den äußeren Tatbestand einer Verbrechensnorm erfüllende Handlung das einzige Mittel ist, um ein Rechtsgut zu schützen oder eine vom Recht auferlegte oder anerkannte Pflicht zu erfüllen, ist die Frage, ob die Handlung rechtmäßig oder unverboten oder rechtswidrig ist, an der Hand des dem geltenden Recht zu entnehmenden Wertverhältnisses der im Widerstreit stehenden Rechtsgüter oder Pflichten zu entscheiden.«[1]) Das Prinzip soll im Entwurf 1962 in § 33 nunmehr auch positiviert werden.

Doch war insoweit erst eine Klärung jener Fälle erreicht, in denen erkennbar höher- und niederrangige Interessen einander widerstritten. Die Problematik solcher Situationen, in denen sich gleichrangige Pflichten oder Interessen gegenüberstanden oder wo klare Rang- bzw. Wertunterschiede von der Rechtsgemeinschaft noch nicht herausgearbeitet worden sind, blieb nach wie vor ungelöst. Für diese Fälle des Pflichtenwiderstreites – zum Teil gleichgesetzt denen eines Gewissenskonfliktes schlechthin[2]) – wurde keine allgemein anerkannte Lösung gefunden. Zunächst beschränkte sich die Diskussion des Problems im wesentlichen auf den sogenannten Holmes- und den Mignonettefall: Im Holmesfall hatten sich nach einem Schiffbruch mehr Personen in ein Rettungsboot geflüchtet, als dieses zu tragen vermochte. Auf Befehl des Kapitäns warfen Matrosen einen Teil der Passagiere über Bord. Die Beteiligten wurden verurteilt[3]).

Im Mignonettefall hatten Schiffbrüchige, nachdem sie 20 Tage lang in einem kleinen Boot auf offener See umhergetrieben und seit 8 Tagen nichts

---

[1]) Vgl. RGSt 61/254

[2]) So z.B. Welzel Lb a.a.O. S. 163 und Neues Bild a.a.O. S. 79

[3]) Dieser Fall wurde im Jahre 1842 vor dem Circuit Court for the Eastern District of Pennsylvania verhandelt; vgl. Wharton, a.a.O. S. 816 Anm. 2; Oetker VDA II a.a.O. S. 376; Simonson a.a.O. ZStW 5/384

mehr zu essen, seit 6 Tagen nichts mehr zu trinken gehabt hatten, den im Sterben liegenden Schiffsjungen getötet und verzehrt. 4 Tage später wurden sie gerettet. Sie wurden zum Tode verurteilt. Die Strafe wurde jedoch im Gnadenwege in eine Gefängnisstrafe von 6 Monaten umgewandelt[4]).

In der Nachkriegszeit mußte sich die Rechtsprechung sodann erneut der Problematik anläßlich der Entscheidungen zu der sogenannten Euthanasieaktion des Dritten Reiches zuwenden.

Den Entscheidungen[5]) lag folgender Grundtatbestand in dem hier wesentlichen Teil zu Grunde:

> Die Angeklagten, Gegner der staatlich angeordneten Massentötung Geisteskranker, waren entschlossen, unter Gefährdung der eigenen Person für ihre Überzeugung einzutreten und der Euthanasieaktion aktiven Widerstand entgegenzusetzen. Sie sahen hierfür keinen anderen Weg, als einen Teil der todgeweihten Kranken zu opfern, indem sie deren Namen auf die sog. Verlegeliste setzten. Nur dadurch war es ihnen aber möglich, den größten Teil der Kranken zu retten, da verhindert wurde, daß andere Ärzte hinzugezogen wurden, die den Tötungsbefehl ohne Einschränkung ausgeführt hätten.

Die höchstrichterliche Rechtsprechung bejahte Rechtswidrigkeit und Schuld, billigte den Angeklagten aber einen persönlichen Strafausschliessungsgrund zu. Ihr schlossen sich Peters[6]), Jagusch[7]) und grundsätzlich Oehler[8]) an.

Die herrschende Lehre: Baumann[9]), Gallas[10]), Henkel[11]), Eb. Schmidt[12]), Schröder[13]), von Weber[14]) und Welzel[15]) löste die Problematik im Rahmen der Schuldfrage[16]).

Klefisch[17]), Mezger[18]) und grundsätzlich auch Brauneck[19]) und Kern[20]) traten für einen Ausschluß der Rechtswidrigkeit ein[21]). Woesner[22]) lehnt ausdrücklich die Lösung des OGH ab und verneint die Möglichkeit einer Rechtfertigung oder Entschuldigung. Ob er aber bestrafen will, kann seinen

---

[4]) Entschieden im Jahre 1884 durch die Queens Bench; vgl. Cox, Vol. 15 a.a.O. S. 624–638; dazu eingehend: Radbruch, Geist a.a.O. S. 69–74; Simonson ZStW a.a.O. 5/367ff.; im übrigen v. Bar III a.a.O. S. 264 Anm. 438; Neubecker a.a.O. S. 62, 222, 229; Peters JR 1950/743 und Siegert a.a.O. S. 35 – mit weiteren Zitaten –.

[5]) OGHBrZSt 1/321ff., 2/117ff., SchwG Köln NJW 1952/358, BGH NJW 1953/512

[6]) JR 1949/496ff., 1950/742ff.

[7]) LK I a.a.O. § 54 Anm. 10 S. 426

[8]) JR 1951/489ff.

[9]) Lb a.a.O. S. 272, 374

[10]) »Pflichtenkollision« a.a.O. S. 311ff.

[11]) »Zumutbarkeit« a.a.O. S. 300

[12]) SJZ 1949/559ff.

[13]) Schönke-Schröder a.a.O. § 51 Vorbem. 83 S. 333

[14]) »Pflichtenkollision« a.a.O. S. 233ff.

[15]) MDR 1949/373ff., ZStW 63/47ff., Neues Bild S. 79

[16]) Grundsätzlich zustimmend auch Reinicke MDR 1950/78

[17]) MDR 1950/258ff.

[18]) LK I a.a.O. Vorbem. 10 zu § 51 S. 353

[19]) GA 1959/271

[20]) ZStW 64/290

[21]) Bockelmann – ZStW 63/44ff. – und Hartung – NJW 1950/151ff. – begnügten sich mit der Herausstellung der Situation und den bisherigen Lösungsversuchen.

[22]) NJW 1964/5

Darlegungen nicht ausdrücklich entnommen werden. Sein Hinweis, die Frage des Unrechtbewußtseins bleibe offen, deutet darauf hin, daß er die Lösung im subjektiven Bereich suchen will. Warum aber das Wertbewußtsein der Ärzte von dem der Gemeinschaft abwich, wird nicht einmal angedeutet.

Entsprechend diesem verwirrenden Streitstand stehen sich die Meinungen in der Lösung der anderen Konfliktsfälle gegenüber, die als typisch für die Pflichtenkollision bezeichnet werden.

Zur Illustration und greiflicheren Erfassung der Problematik seien an dieser Stelle bereits einige der viel erörterten Fälle mitgeteilt:

Der älteste Fall ist als das »Brett des Karneades« bekannt. Dieser Fall wird bereits von Cicero überliefert[23]). Er ist in zwei Varianten denkbar, die jeweils auch erörtert werden:

Nach einem Schiffbruch hat sich einer der Überlebenden auf eine Planke gerettet, die allerdings nur einen Menschen zu tragen vermag. Ein zweiter Überlebender versucht, gleichfalls auf die Planke zu gelangen.
Pufendorf[24]) führt aus: Nichts hindert denjenigen, der sich auf die Planke gerettet hat, diese mit allen Kräften zu verteidigen, auch wenn der andere dabei zu Tode kommt.
Kant[25]) sieht die andere Seite: Es kann kein Strafgesetz geben, welches demjenigen den Tod zuerkennte, der den anderen von dem Brette, worauf er sich gerettet hat, wegstieße, um sich selbst zu retten.

Eberhard Schmidt[26]) hat den Fall gebildet:

Von drei angeseilten Bergsteigern sind zwei in eine Gletscherspalte gestürzt. Es besteht keine Möglichkeit, sie heraufzuziehen. Ihr Schicksal ist endgültig besiegelt. Der Dritte hätte noch eine Lebensrettungschance, wenn er oder ein anderer das Seil kappt. Diese Tat brächte dann zwei Menschenleben zum Tode, erhält aber einen am Leben, während sonst alle Drei umgekommen wären.

Bekannt sind auch die beiden folgenden Fälle:

a) Ein Bahnwärter sieht beim Abschreiten des Gleises auf den Schienen einen schweren Eisenblock liegen, den er bis zum Herannahen des Schnellzuges gerade noch entfernen könnte; da hört er unvermutet von einem nahegelegenen Teich her die Hilferufe seines ertrinkenden Kindes.[27])

b) Auf einer steilen Gebirgsstrecke hat sich ein Güterwagen gelöst und saust mit voller Wucht ins Tal auf einen kleinen Bahnhof zu, in dem gerade ein Personenzug steht. Würde der Güterwagen auf dem bisherigen Gleis weiterrasen, so würde er auf den Personenzug stoßen und eine große Anzahl von Menschen töten. Ein Bahnbeamter, der das Unheil kommen sieht, reißt in letzter Minute die Weiche um, die den Güterwagen auf das einzige Nebengleis lenkt, auf dem gerade einige Arbeiter einen Güterzug entladen. Durch den Anprall werden, wie der Beamte voraussah, drei Arbeiter getötet.[28])

---

[23]) Das Beispiel – Cicero: De officiis a.a.O. III 23 – bildete der Skeptiker Karneades (214–129 v. Chr.); vgl. eingehend: Weigelin GS 116/88ff.; im übrigen aus neuerer Zeit: Engisch, Raum a.a.O. S. 414; Neubecker a.a.O. S. 62/63; Siegert a.a.O. S. 34; von Weber: »Notstand« a.a.O. S. 15 mit weiteren Zitaten.

[24]) De iure . . . a.a.O. II 6 § 4 S. 206

[25]) Metaphysik der Sitten a.a.O. S. 343

[26]) SJZ 1949/565

[27]) Vgl. Kühn a.a.O. 24; Henkel: »Notstand« S. 97; Jansen a.a.O. S. 17 Anm. 28; Schmidt, Konrad a.a.O. S. 60

[28]) Vgl. Welzel ZStW 63/51; Peters JR 1950/744; Gallas: »Pflichtenkollision« S. 330; SchwG Köln NJW 1952/359

Die Mitteilung dieser Beispiele an diesem Orte dient, wie ausgeführt, nur der klareren Umreißung der Problemstellung. Die Auswahl mußte sich daher auf typische Gestaltungen beschränken. Wertung, Erörterung und Versuch der Klärung der Problematik müssen dem Gang der Untersuchung vorbehalten bleiben.

Eigentümlich ist diesen Fällen, daß eine Wertung der betroffenen Rechtsgüter nicht geeignet ist, die Problematik zu erhellen. Das menschliche Leben ist rechtlicher Höchstwert. Der Vergleich zweier solcher Höchstwerte kann genausowenig eine Entscheidung beeinflussen, wie eine Abwägung unter Quantitätsgesichtspunkten.

Das führt zu der Feststellung, daß die Beurteilung und Wertung einer Handlung, die zur Rettung eines Menschenlebens erfolgt, zugleich aber ein anderes vernichtet, nicht an der objektiven Verletzung des betroffenen Rechtsgutes anknüpfen kann. Hier müssen andere Maßstäbe gesucht werden.

Einen Hinweis für einen möglichen Weg finden wir in der tatsächlichen Verschiedenheit der Individuen innerhalb der Sozietät im Verhältnis zueinander. Hier erscheint uns der einzelne nämlich keineswegs als jeweils »Gleicher«. Je verschieden treten uns die anderen Rechtsgenossen gegenüber und obwohl ihre Handlungen unterschiedlich sind, z.B. die eines Polizisten und die eines Passanten bei der Verfolgung eines Verbrechers, können wir zu dem Ergebnis kommen, beide haben ihre Pflicht getan. Wir sehen es als selbstverständlich an, daß verschiedene Personen verschiedene Pflichten innerhalb der Sozietät haben. Weit weniger selbstverständlich ist es aber, warum und wie zu differenzieren ist.

Wir fragen, ob die Ärzte in den Euthanasiefällen noch pflichtgemäß handelten, als sie Patienten retteten unter Preisgabe anderer, oder ob sie die Pflicht hatten, jede Tötungshandlung zu unterlassen. Soll der Bahnwärter sein Kind oder die Reisenden retten?

Worin sind die Zweifel an den jeweiligen Pflichtansinnen begründet? Wie entstehen Pflichtenwiderstreite, sind sie lösbar oder nicht? Wo ist der Raum innerhalb der rechtlichen Wertung, in dem die Lösung dieser Fragen sich vollziehen muß?

Es ist nötig, zunächst die Problemstellung scharf herauszuarbeiten, sodann aber sind die Fragen zu beantworten: Wie ist die Lösung bisher gesehen worden? Welche Lösungswege bieten sich heute an? Ist überhaupt eine verbindliche Lösung möglich? In welchen Aspekten zeigt sie sich?

1. Kapitel

Problemstellung

A. DER BEGRIFF DER PFLICHT

I. Der allgemeine Pflichtbegriff

1. Darstellung

Eine Pflicht setzt zunächst ein Ansinnen voraus, d.h. ein Sollen. Ihr Inhalt ist damit ein bestimmtes Verhältnis zwischen zwei Subjekten, gerichtet auf ein menschenmögliches Verhalten. Dies folgt aus dem Begriff des Sollens.

a) Ist das Ansinnen nämlich auf etwas Menschenunmögliches gerichtet, so kann es sinnvoll nicht auf ein Sollen gerichtet sein, es wäre bloße Willkürregel.

b) Daß auf der Seite des Pflichtträgers demgemäß ein Subjekt stehen muß, ist selbstverständlich. Weil nämlich die Pflicht Steuerung eines Verhaltens verlangt, setzt sie die Möglichkeit der Steuerung, d.h. die Möglichkeit verschiedener Verhaltensweisen voraus. Über solche Wahlmöglichkeiten verfügt aber nur ein Subjekt, da ihm Freiheit und Vernunft zukommen.

c) Doch nicht nur der Adressat muß ein Subjekt sein, sondern auch der Ansinnende. Das Verlangen nach bestimmter Verhaltensweise setzt nämlich voraus, daß der Ansinnende gleichfalls eine Wahl zwischen verschiedenen Möglichkeiten getroffen, d.h. eine Wertung durchgeführt hat[1]).

Der Pflichtenbegriff findet sich zunächst in der Ethik. Hier führten ihn die Stoiker ein. Sie erkannten als pflichtgemäß »was naturgemäß oder vernünftig ist oder sich mit guten Gründen rechtfertigen läßt«[2]). Die Pflicht ist demnach bezogen auf das richtige Verhalten des Menschen[3]), d.h. ihr gemäß ist ein in bestimmter Weise ausgerichtetes[4]) Verhalten. Je nach den möglichen Bezugssubjekten, auf die menschliches Verhalten ausgerichtet sein kann, werden drei Pflichtenkreise unterschieden:

1. der religiöse Pflichtenkreis: Das Verhältnis des Menschen zu Gott.

---

[1]) Vgl. Buschendorf a.a.O. § 21
[2]) Vgl. Hoffmeister a.a.O. S. 462 – Pflicht –.
[3]) Vgl. v. Hippel ARSP 1938/277
[4]) richtig = ahd., mhd. reht v. d. indog. Wurzel reg – lat. regere lenken, rectus ausgerichtet –; vgl. Hoffmeister a.a.O. S. 512 – Recht – und S. 529 – richtig –.

2. der soziale Pflichtenkreis: Das Verhältnis der Menschen zueinander.

3. der individuelle Pflichtenkreis: Das Verhältnis des Menschen zu sich selbst.

Diese Dreiteilung entspricht der überkommenen Unterscheidung innerhalb der christlichen Ethik[5]). Damit ist aber nur eine formale, keine materielle Eingrenzung des Pflichtbegriffes gegeben.

Bevor allerdings die materielle Ausfüllung des Begriffes erörtert werden kann, gilt es, den zu betrachtenden Gegenstand einzugrenzen.

Das Thema der Untersuchung ist darauf gerichtet, die Stellung des Rechtswidrigkeitsurteils zur Pflichtenkollision zu beleuchten. Was auch immer der Gehalt dieses Urteils ist, es handelt sich um eine Untersuchung im Raume des Rechts, da dessen Stellung zur Pflichtenkollision in Frage steht. Das Recht aber gehört in den sozialen Pflichtenkreis. Es ist auf menschliche Verhaltensweisen innerhalb und gegenüber der Sozietät bezogen. Es ordnet das menschliche Miteinandersein, das Zusammenleben. Es kann daher nur Pflichten innerhalb des sozialen Raumes zum Gegenstand seiner Betrachtung machen, es sei denn, Pflichten anderer Ordnungen sind gleichfalls bezogen auf ein bestimmtes soziales Verhalten:

> »Das Eigentümliche der Gerechtigkeit[6]) unter den übrigen Tugenden ist, den Menschen zu ordnen in dem, was sich auf die anderen bezieht[7]).«

Es kann daher hier nicht der Ort sein, der näheren Ausgestaltung des Pflichtbegriffes im Rahmen des religiösen Pflichtenkreises nachzugehen. Sollte sich im Fortgang der Untersuchung zeigen, daß das Recht zu einer Kollision zwischen religiösen und sozialen Pflichten Stellung nehmen muß, weil sich bestimmte religiöse Pflichten auch auf das soziale Verhalten beziehen, so gehören Abgrenzung, Ausgestaltung und Wertung an diesen konkreten Platz. Hier würde eine Erhellung des Pflichtbegriffes im religiösen Pflichtenkreis neben dem Thema liegen und den Blick vom Fortgang der Gedankenfolge wenden.

Neben der Problematik läge auch der Versuch einer eingehenden Klärung des Streites, ob es überhaupt einen individuellen Pflichtenkreis gibt; d.h. inwieweit der Mensch Pflichten gegen sich selbst – losgelöst vom Leben innerhalb der Gemeinschaft – hat. Ist auch in der Ethik streitig, ob der als einsam vorgestellte Mensch Pflichten hat, oder diese erst entstehen, wenn er sich in Bezug zu anderen – sei es Gott, seien es die Mitmenschen – setzt[8]),

---

[5]) Vgl. Häring a.a.O. S. 80; Mausbach-Ermecke a.a.O. III S. 17ff.; Messner a.a.O. S. 31

[6]) Über den engen Zusammenhang zwischen Recht und Gerechtigkeit und die häufige Verwechslung der Begriffe, vgl. Hardwig, Skriptum S. 276; sodann Thomas v. Aquin a.a.O. 2 II 57, 1 S. 5–6: »Et propter hoc specialiter justitiae prae aliis virtutibus determinatur secundum se objectum, quod vocatur justum. Et hoc quidem est jus. Unde manifestum est quod jus est objectum justitiae.« Danach wäre gemäß unserer Terminologie für »Gerechtigkeit« hier »Recht« einzusetzen.

[7]) Thomas v. Aquin a.a.O. 2 II 57, 1 S. 4–5: »Justitiae proprium est inter alias virtutes ut ordinet hominem in his quae sunt ad alterum.«
Vgl. auch Aristoteles a.a.O. 1129 b S. 90–92; dazu auch: Pieper »Gerechtigkeit« S. 29ff.; Horn S. 32ff.

[8]) Für Kant sind derartige Pflichten selbstverständlich; vgl. Grundlagen a.a.O. S. 52;

das Recht erkennt derartige Pflichten nicht an. Es gewährt ihnen auch keinen Raum. Sie sind nicht Gegenstand eines rechtlichen Urteils[9]).

Fragen wir nun, was innerhalb des sozialen Kreises eigentlich richtig ist? Wie muß das Verhalten zu den anderen gestaltet sein, damit es angemessen erscheint?

Eine Antwort scheint Kant zu vermitteln: »Pflicht ist die Notwendigkeit einer Handlung aus Achtung fürs Gesetz[10]).« Pflichtgemäß ist somit eine Handlung, die subjektiv aus Achtung vor dem und objektiv in der Unterwerfung unter das Sittengesetz besteht[11]). Sie muß ohne Ausnahme »für uns oder auch nur für diesmal«[12]) dem kategorischen Imperativ entsprechen, d.h. der Formel: »Handele so, daß die Maxime deines Willens jederzeit zugleich als Prinzip einer allgemeinen Gesetzgebung gelten könne.«[13]),[14])

Diese Formel soll zum Ausdruck bringen, *daß* etwas schlechthin und unbedingt getan werden soll, weiter *was* in dieser Weise getan bzw. nicht getan werden soll, und dient schließlich dazu, gut und böse zu unterscheiden[15]).

Der Pflichtbegriff wird von Kant erfaßt in einem für alle Menschen gleichartigen Gesetz, das zwangsläufig zweckfrei ausgestaltet sein muß, um der Allgemeinverbindlichkeit willen.

Ist damit die materielle Auslegung des Begriffes gelungen? Kaum. Fragen wir nämlich, ob unter Verwendung dieses Pflichtbegriffes im konkreten Fall eine eindeutige Aussage über das Verhalten eines Menschen im Konflikt gemacht werden kann, so ist dies zu verneinen. Handelten etwa die Ärzte in den Euthanasiefällen aus Achtung vor dem Sittengesetz und in Unterwerfung unter dieses? Eine sachlich begründete Antwort kann der kategorische

---

desgl. z.B. auch heute für Messner a.a.O. S. 31: »Denn der Mensch hat nicht nur Pflichten gegen andere, sondern auch gegen sich selbst und gegen seinen Schöpfer.«
A.A. ohne auch nur eine Erörterung zu erwägen z.B. Bollnow a.a.O. S. 35, Schlatter a.a.O. S. 21: »Der einsame Mensch kennt keine Pflichten.«

[9]) Vgl. Engisch: »Raum« S. 420ff.
Zwar wird gelegentlich die Ansicht vertreten, Pufendorf – »De officio« Kap. 5 a.a.O. S. 122ff. – und Chr. Wolff – Grundsätze a.a.O. §§ 103ff. – hätten Pflichten des einzelnen gegen sich selbst als naturrechtliche Pflichten anerkannt. Dies trifft jedoch nicht zu. Das Mißverständnis wird dadurch möglich, daß Pufendorf und Wolff religiöse und soziale Pflichten nicht scharf genug voneinander trennten. Das wird besonders deutlich bei Pufendorf a.a.O. S. 122: »Quum enim non sibi soli sit natus homo, sed ideo tum eximiis dotibus a creatore sit ornatus ut et ipsius gloriam celebret et idoneum societatis humanae membrum existat.«
Aber auch die Gedankengänge Wolffs lassen sich insoweit recht deutlich verfolgen; vgl. Grundsätze a.a.O: § 103 – S. 65 –, § 106 – S. 66 –, § 52 – S. 33 – und § 41 – S. 27 –.

[10]) Grundlagen a.a.O. S. 26

[11]) Auch dort, wo das Handeln n u r aus Pflicht nicht als das sittlich Höchste anerkannt wurde, wie etwa bei Schiller – Über Anmut und Würde – oder die Pflicht nicht aus einem formalen Gesetz, sondern aus evidenten Werten – wie in der materialen Wertethik – begründet wurde, behielt der Pflichtbegriff diese Bedeutung.

[12]) Grundlagen a.a.O. S. 55

[13]) Prakt. Vernunft a.a.O. S. 140; ähnlich Grundlagen a.a.O. S. 51

[14]) Vgl. eingehend Reiner a.a.O. S. 17ff.

[15]) Vgl. Reiner a.a.O. S. 19

Imperativ nicht vermitteln. Erst der Bezug auf bestimmte verbindliche Werte vermittelt die Möglichkeit einer wertenden Entscheidung. Der Pflichtbegriff selbst ist inhaltsarm.

Es bedarf daher keiner weiteren Hervorhebung, daß der kategorische Imperativ – inhaltlich gelöst von jedem Zweck – leer erscheint und bloße Formel bleibt[16]). Einen Zweck muß man daher zwangsläufig anerkennen, nämlich das vernünftige Zusammenleben innerhalb der Sozietät. Dieser Gedanke wird bei Kant selbst in seiner Schrift »Idee zu einer allgemeinen Geschichte in weltbürgerlicher Absicht (1784)« deutlich, wenn er ausführt: »Das größte Problem für die Menschengattung ist die Erreichung einer allgemeinen, das Recht verwaltenden bürgerlichen Gesellschaft«[17]) und »... so muß eine Gesellschaft, in welcher Freiheit unter äußeren Gesetzen in größtmöglichem Grade mit unwiderstehlicher Gewalt verbunden angetroffen wird, das ist eine vollkommen gerechte bürgerliche Verfassung, die höchste Aufgabe der Natur für die Menschengattung sein[18]), [19]).«

Betrachten wir den kategorischen Imperativ unter diesem bereits eingeengten Blickwinkel, so erscheint das pflichtgemäße Handeln selbst dann, wenn wir als Zweck das geordnete »sinnvolle« Zusammenleben in der Sozietät setzen, doch farblos und inhaltlich nur wenig bestimmt. Die Stellungnahme zu den Erfordernissen konkreter einzelner Situationen, gemessen an einem derart erhabenen Prinzip, bleibt unsicher und unwirklich. Das Gesetz ist als höchstes Leitprinzip anzuerkennen. Es bedarf aber der Ausgestaltung im einzelnen, um den Mitgliedern einer Gemeinschaft Wege zu weisen, sie zu leiten und verbindlich zu bestimmen.

Vertretbar erscheint es z.B. für ein sinnvolles Zusammenleben, von den Ärzten in den Euthanasiefällen zu fordern, möglichst viele Patienten zu retten. Gleichfalls kann es aber sinnvoll für die Gemeinschaft sein, das Ansinnen zu erheben, jeder einzelne habe alles zu tun, um frei vom Vorwurf einer Tötungshandlung zu bleiben. Abstrakt, ohne Bezug auf weitere Wertmaßstäbe, ist hier eine Lösung nicht zu finden. Das bedeutet: das Rechtssubjekt, das den kategorischen Imperativ anerkennt, ist zwar zu verantwortungsbewußter Entscheidung aufgerufen, ein konkretes Rechtsgebot in einer bestimmten Situation ist ihm aber nicht gegeben. Die Entscheidung konkreter Konfliktsfälle setzt genauso wie die sog. goldene Regel, das ist das Gebot, das uns in Gestalt des Sprichwortes »Was Du nicht willst, das man Dir tu, das füge auch keinem anderen zu« bekannt ist[20]), ein unterscheidendes Wertbewußtsein voraus, gibt aber – über den Gleichheitssatz hinaus – keinerlei konkrete Verhaltensweise. Erst vor dem Hintergrund

---

[16]) Vgl. Scheler »Formalismus« a.a.O. S. 2; Weischedel a.a.O. S. 14

[17]) Kleinere Schriften a.a.O. S. 10

[18]) Kleinere Schriften a.a.O. S. 10

[19]) Zutreffend ist darauf hingewiesen worden – vgl. Larenz »Rechts- und Staatsphilosophie« S. 105 –, daß die Gedanken Kants zum Recht in dieser Schrift noch weit weniger auf dem formalen Prinzip der Ethik als mehr auf dem materialen Prinzip der Vollkommenheit beruhen.

[20]) Vgl. im einzelnen Reiner a.a.O. S. 201, 262, 269, 281 ff.

eines wertbewußten Gemeinschaftslebens wird die in der Regel wie im kategorischen Imperativ enthaltene Anweisung aufgehellt. Eine selbständige klärende und richtungsweisende Funktion ist nicht gegeben[21]).

Auch die Formel des praktischen Imperativs: »Handele so, daß du die Menschheit, sowohl in deiner Person, als in der Person eines jeden anderen, jederzeit zugleich als Zweck, niemals bloß als Mittel brauchest«[22]), hilft hier nicht weiter.

Als abstrakter Begriff ist dem Imperativ ein weiter Anwendungsbereich zuzuerkennen. Seine Abstraktionshöhe bedingt aber zugleich seine inhaltliche Leere. Die Möglichkeit, Sinngehalte wertend zu beurteilen, vermittelt er nicht. Die Fülle seines Sinnes bleibt verschlossen. Nur Form, gleichsam äußere Hülle, ist erkennbar. Seine Anwendung allein gibt nur über den Weg einer intuitiven Schau die Möglichkeit unmittelbaren Begreifens verborgenen Sinnes. Diese Möglichkeit ist aber für eine rechtliche Betrachtungsweise untragbar, das Prinzip der Rechtssicherheit fordert eingehendere begriffliche Klärung.

Die Imperative ermöglichen wohl den Schluß auf ein bestimmtes Wesensbild des Menschen, dessen Grundzüge Freiheit als sittliche Selbstbestimmung, Gewissen, menschliche Würde und Verantwortlichkeit für den Mitmenschen sind[23]). In der Anerkennung dieses Bildes im Individuum ist aber die Stellung des einzelnen in der Sozietät nicht erschöpft. Menschliche Existenz ist Miteinandersein, d.h. Existenz in der Sozietät. Hier trifft der einzelne den anderen als Träger bestimmter Sozialgestalt, z.B. als Vater, als Sohn, als Freund, als Feind, als Gast, als Fremden, als Feuerwehrmann, Gastwirt o.ä.[24]). An die Stellung des einzelnen innerhalb der Sozietät knüpfen sich bestimmte soziale Bezüge. Dabei füllt der einzelne nicht nur eine Sozialgestalt, sondern vielmehr eine Fülle solcher Gestalten aus[25]). Er erscheint als Träger ganz bestimmter Pflichten, die keineswegs absolut und gleich sind, sondern ständiger Konkretisierung und Individualisierung unterliegen. Die Erfüllung der sich aus der jeweiligen sozialen Rolle ergebenden Pflichten ist Voraussetzung und Garantie für den Bestand einer Sozialordnung. Ein Leben in der Sozietät ist nämlich nicht denkbar ohne Ordnung. Jede Ordnung setzt aber ein Mindestmaß von Verläßlichkeit und damit Vorzeichnung und Sicherung bestimmter Verhaltensweisen voraus.

Es ist allerdings zu berücksichtigen, daß die Rollenstellung in der Sozietät bereits eine ganz bestimmte Sozialordnung voraussetzt, d.h. Ergebnis bereits z.T. geschichtlich gewachsener, z.T. noch in der Ausgestaltung begriffener Wertentscheidungen in der Sozietät ist und den Wandlungen in der Wertanschauung der Sozietät unterliegt.

---

[21]) Vgl. Düwel a.a.O. S. 120, 121
[22]) Kant, »Grundlagen« a.a.O. S. 61
[23]) Vgl. Weischedel a.a.O. S. 12
[24]) Vgl. Maihofer: »Recht und Sein« a.a.O. S. 31 ff., 114 ff. und »Sinn« a.a.O. S. 48 ff., der hier den Begriff des »Alsseins« geprägt hat.
[25]) Dazu Henkel, »Individualität« a.a.O. S. 8–9

Die Fülle der Erwartungen und Forderungen der Sozietät an den einzelnen bestimmen und begrenzen daher den Pflichtenkreis des einzelnen.

Wenn hingegen Maihofer[26]) bei der Kennzeichnung der Rollenstellung von »von Natur vorgezeichneten Beziehungen« spricht, so kann dem nur bedingt gefolgt werden.

Zum einen läßt sich ein erheblicher Wandel in der Pflichtenstellung innerhalb einer bestimmten Sozialgestalt historisch leicht belegen. Dies gilt gerade für das von Maihofer herangezogene Verhältnis der Mutter zum Kind[27]). Nur schwerlich kann es noch dieselbe von Natur vorgezeichnete Beziehung zum Kinde sein, wenn wir etwa die Gestalt der Mutter im Rahmen des spartanischen Gemeinwesens mit der der Mutter innerhalb des abendländisch-christlichen Kulturkreises vergleichen. Ähnlichkeiten, die über biologische Gegebenheiten hinausgehen, sind nicht zu finden[28]). Ähnlich tiefgreifende Unterschiede innerhalb der sozialen Wertung und Gestaltung lassen sich bei zahllosen anderen Rollenstellungen nachweisen, etwa der des Ehepartners oder gar der des Beamten, wirft man nur den Blick von Europa nach Afrika oder Asien.

Nur mit Unbehagen vermag man daher die Ausführungen des BGH[29]), das Sittengesetz gebiete zwingend die Einehe, zur Kenntnis zu nehmen. Ein vom BGH als selbstverständlich vorausgesetztes, philosophisch untermauertes und anerkanntes System, das derartige Werte als aus sich selbst heraus verbindlich zu erweisen vermöchte, ist nicht zu finden. Vielmehr setzen wir uns mit einer Vielzahl von Entwürfen auseinander[30]).

Doch ist das historische Argument nur geeignet zu widerlegen, daß die einzelnen Rollen in ihrer derzeitigen Ausgestaltung von Natur vorgegeben sind, nicht aber, daß sie das Ergebnis ganz bestimmter vorgegebener Möglichkeiten sind. Es tritt hier das Problem in die Diskussion, ob es im Sein ein ewiges unveränderliches Wesen gibt, dessen Normen unbedingt und absolut gelten, obwohl ihre Verwirklichungsformen innerhalb verschiedener Kulturkreise oder Epochen Wandlungen unterworfen sind. Dann könnten vorgezeichnete Formen des Zusammenlebens, ohne zur Form willkürlicher menschlicher Zweckschöpfung herabsinken, je eine andere Rolle in und für die Gemeinschaft spielen, je eine andere Offenbarkeit und Gegenwart erlangen. Es handelt sich hier um das Problem, ob vorgezeichnete Ordnungen einem Sinneswandel unterliegen[31]).

Zum anderen wird man aber mit der Bestimmung des sozialen Bildes einer Reihe von Rollenstellungen allein nicht gerecht werden. Dies zeigt sich

---

[26]) »Recht und Sein« a.a.O. S. 108

[27]) ebendort

[28]) So auch Düwel a.a.O. S. 116

[29]) BGHSt 6/46ff. insbes. S. 53

[30]) Vgl. die eingehenden Darlegungen von Weischedel S. 6ff., Bockelmann: »Macht und Recht« a.a.O. S. 57ff.; Gallas JZ 1960/653ff.; kritisch auch Engisch: »Einführung« a.a.O. S. 125; Sax JZ 1954/476; Bockelmann JR 1954/362; Kraft a.a.O. S. 258; Kelsen »Rechtslehre« a.a.O. S. 70–71; Stein, NJW 1964/1745ff. insbs. S. 1749ff.

[31]) Vgl. die vorzüglichen Darlegungen von Max Müller »Existenzphilosophie« a.a.O. S. 34ff.

insbesondere bei einem Verhältnis, wie dem zwischen Mutter und Kind oder dem zwischen den Ehepartnern, da derartigen Verhältnissen ein Gehalt innewohnt, der über das soziale Sein weit hinausgeht. Wenn Welzel[32]) gegen Maihofer und dessen Bestimmung des Als-Seins vorbringt, das Als-Sein treffe die Existentialität der Ehe nicht, so ist dem zuzustimmen, da sich das Sein der Ehe nicht in einem sozialen Sein erschöpft. Die Ehe als Gemeinschaftsverhältnis wird nämlich – will man sie nicht zur wirtschaftlichen Zweckeinrichtung herabwürdigen – durch die gegenseitige Liebe bestimmt[33]).

Gerade aber der Raum der Liebe bedarf keiner sozialen Vorzeichnung, Ordnung und Sicherung. Hier ist auch der Begriff der Pflicht fremd. Erst nämlich, wenn die Gemeinschaft brüchig wird, greift die Pflichtenordnung ein. Dann werden eheliche Pflichten und Rechte bedeutsam. Einem Geben steht dann ein Fordern gegenüber.

Zu ähnlich schiefen Ergebnissen würde man gelangen, würde man den Arzt, Lehrer, Richter o. ä. nur betrachten im Rahmen dessen, was die Sozietät ihm an Pflichten auferlegt und an Rechten einräumt. Dem Gehalt eines solchen Berufes, der sich in einem bestimmten Berufsethos, einer Idee verwirklicht, wird eine solche Betrachtungsweise nicht gerecht. Sie braucht es auch nicht, denn die Sozietät stellt weitgehend ab auf äußere Verhaltensweisen[34]).

Wenn man daher vorgegebene Sinnzusammenhänge bzw. im Wesen des Menschen begründete Formen des Zueinanderstehens anerkennt, so wird man nicht hinausgehen können über die denkbaren Möglichkeiten des Miteinanderseins in Gemeinschaft, Gesellschaft und Machtverhältnis. Diese Sozialstrukturen als solche begründen aber in der Sozietät keine bestimmten Pflichten, sondern erst die Wertentscheidung innerhalb der Sozietät, die sich zu der Art der Sozialstruktur bewußt bekennt und sie realisieren will. Was aber den einzelnen Rollen die eigentlich formende und tragende Kraft in der Sozietät gibt, ist der den Rollen im derzeitigen Zeitpunkt geschichtlicher Entwicklung zukommende Sinn[35]).

Wir stellen fest: Der einzelne steht nicht isoliert in der Sozietät, vielmehr ist seine Stellung gekennzeichnet durch eine Reihe von Bezügen zu den anderen innerhalb der Sozietät.

Versuchen wir nun den Begriff der Sozialgestalt näher zu umreißen und inhaltlich auszugestalten: Jede Stellung in der Sozietät ist verbunden mit einem Pflichtenkreis, der über den Kreis jener Pflichten, die der einzelne

---

[32]) »Naturrecht« a. a. O. S. 215

[33]) Dies verkennt das OLG Celle NJW 63/407 gröblich, wenn es darlegt, eine Sterilisation leiste ungehemmter Genußsucht Vorschub. Das bedeutet nämlich, daß Sinn und Zweck der Ehe und des ehelichen Geschlechtsverkehrs allein in der Fortpflanzung liegen. Auch wenn diese Meinung der katholischen Moraltheorie weitgehend entspricht – vgl. Mausbach-Ermecke III S. 368 ff. –, ist sie unrichtig, da sie dem intimen Eheleben einen zu dürftigen Gehalt gibt. Vgl. auch Arndt NJW 63/848–849

[34]) Vgl. Jaspers »Philosophie« II a. a. O. S. 380

[35]) Vgl. Schultz a. a. O. S. 184

als Mensch schlechthin innehat, hinausgeht[36]). Pflicht in diesem Sinne kann nicht ein allgemeines unbedingtes Ansinnen der Sozietät an die Verhaltensweise des einzelnen sein, sondern eine inhaltlich fest umrissene Forderung auf Grund einer ganz bestimmten Stellung des Pflichtträgers in der Sozietät und der jeweiligen Situation. Ändert sich Situation oder Stellung, so kann damit gleichfalls eine Änderung der Rollenstellung verbunden sein.

Damit ist das Ansinnen, das einer jeden Pflicht zugrunde liegt, als konkretes Sollen umgrenzt. Es knüpft an die Sozialgestalt des einzelnen an, wobei allerdings in jedem Falle eine Voraussetzung selbstverständlich ist: Die Fähigkeit des einzelnen ein Kausalgeschehen derart zu lenken, wie es das Ansinnen fordert, d.h. Freiheit und Vernunft des Pflichtträgers. Geht das Ansinnen auf Menschenunmögliches, so fehlt es an einem verbindlichen Ansinnen.

2. Einwände gegen die Existenz von Pflichtenstellungen

Lange war das Bestehen der Ansinnen verbindlicher Pflichten unstreitig. In neuester Zeit aber wird die Verbindlichkeit von Pflichtenstellungen angegriffen.

Erhebliche Bedenken gegen das Bestehen verbindlicher Pflichtansinnen der Gemeinschaft gegenüber dem einzelnen werden nämlich in der Existenzphilosophie vorgetragen, so daß von dort her eine Erörterung der Pflichtensituation nötig wird.

Es wird behauptet, »das existentielle Sollenserlebnis finde in einem Bewußtsein verbindlicher Werte nur jeweiligen und vorläufigen Ausdruck«[37]). Weder eine Rechtsordnung noch ein System sittlicher Werte werde als allgemein verbindlich anerkannt[38]). So formuliert z.B. Kuhn[39]): »Das ist die Wahl des Existentialisten: Einem Leben unter der Herrschaft der Ordnung zieht er die Flucht in die Wüste und die Furien als Weggenossen vor. Denn Ordnung ist Betrug und Lug.«

Diese Aussage ist zutreffend, allerdings auch nur im bestimmten Rahmen, für die Philosophie Sartres. Mit dem Satz: »Der Mensch ist verurteilt, frei zu sein«[40]), werden zwangsläufig verbindliche Pflichten im Rahmen eines Soziallebens abgelehnt.

Die Konsequenzen einer derartigen Auffassung können den tatsächlichen, notwendigen und anerkannten Gegebenheiten innerhalb der Sozietät aber nicht gerecht werden. Dies hat Sartre durchaus gesehen. Der Weg seiner Lösung bleibt allerdings dunkel und letztlich kaum folgerichtig. Er sieht den Ausweg in einer eigentümlichen Wahlmöglichkeit des Menschen: »Wenn wir sagen, daß der Mensch sich wählt, so verstehen wir darunter, daß jeder von uns sich

---

[36]) Bollnow a.a.O. S. 32ff.
[37]) Düwel a.a.O. S. 114
[38]) Welzel »Naturrecht« a.a.O. S. 214f.
[39]) Kuhn a.a.O. S. 56
[40]) Sartre a.a.O. S. 37ff.: »L'homme est condamné à être libre.« Eingehende Auseinandersetzung bei Welzel »Naturrecht« S. 215

selbst wählt, aber damit wollen wir auch sagen, daß er, indem er sich wählt, alle Menschen wählt . . . das, was wir wählen, ist immer das Gute und nichts kann für uns gut sein, ohne es für alle zu sein[41]).« »Man muß sich immer fragen können, was würde geschehen, wenn alle Welt genauso handeln würde[42]).«

Daß diese Gedankengänge dem kategorischen Imperativ weit näher stehen als einem existentiellen »werde selbst«, bedarf keiner ausführlichen Darlegung[43]). Die Einwände, die gegen den von Kant geprägten Pflichtbegriff erhoben wurden, treffen hier gleichfalls zu. Eine weitere Auseinandersetzung wird unnötig.

In »Sein und Zeit« hat Heidegger sich die Aufgabe gestellt, das Seiende, das wir je selbst sind, zu analysieren[44]). Wenn Heidegger in dieser Analyse zu dem Ergebnis kommt, ein Miteinandersein ist notwendig ein Abstandgewinnen zum anderen, im übrigen aber Uneigentlichkeit[45]), so ist damit ausgesprochen, daß das eigentliche Sein des Menschen nicht durch Ordnungen oder Pflichten, die sich aus dem Miteinandersein ergeben, existentiell bestimmt werden kann und soll.

Zur Pflichtenstellung innerhalb der Sozietät ist damit aber noch gar nichts gesagt. Wie weit greift und durchbricht das eigentliche Sein das uneigentliche Sein? Die Anerkennung einer sozialen Ordnung ist in bestimmtem Rahmen durchaus denkbar, auch in der »Hinwendung an den Ruf des Seins«. Deutlich sagt Heidegger in seinen späteren Schriften, daß das Wesentliche des Menschen ist, daß er dem Sein offen gegenübersteht. Dieses kommt in ihm zum Werk. Die Aufgaben des Menschen liegen daher darin, das Seiende dem Ruf des Seins gemäß zu gestalten[46]). Voraussetzung derartiger sinnvoller Gestaltung ist aber auch ein Mindestmaß an sozialer Ordnung. Nur dort, wo der einzelne von sich selber sich wendet und sich stattdessen an irgendwelche Ordnungswerte klammert, muß Heidegger demnach zu einer scharfen Ablehnung solcher Verhaltensweise gelangen. Damit ist aber nicht jede soziale Ordnung verworfen[47]). Man wird nur

---

[41]) Sartre a.a.O. S. 25–26: »Quand nous disons que l'homme se choisit, nous entendons que chacun d'entre nous se choisit, mais par là nous voulons dire aussi qu'en se choisissant, il choisit tous les hommes . . . ce que nous choisissons, c'est toujours le bien, et rien ne peut être bon pour nous sans l'être pour tous.«

[42]) Sartre a.a.O. S. 28–29: »Mais en vérité, on doit toujours se demander: qu'arriverait-il si tout le monde en faisait autant?«

[43]) Vgl. Maihofer: »Recht und Sein« a.a.O. S. 24–25; Schultz a.a.O. S. 175–176; Welzel »Naturrecht« a.a.O. S. 216

[44]) a.a.O. S. 41

[45]) a.a.O. S. 126ff.

[46]) »Identität« a.a.O. S. 27: »Im selben Maß wie das Sein ist der Mensch herausgefordert, d.h. gestellt, das ihn angehende Seiende als den Bestand seines Planes und Rechnens sicherzustellen und dieses Bestellen ins Unabsehbare zu treiben.«

[47]) »Holzwege« a.a.O. S. 79: »Das wirkliche System der Wissenschaft besteht in dem jeweils aus den Planungen sich fügenden Zusammenstehen des Vorgehens und der Haltung hinsichtlich der Vergegenständlichung des Seienden. . . . Je unbedingter aber die Wissenschaft und die Forscher mit der neuheitlichen Gestalt ihres Wesens ernst machen, um so eindeutiger werden sie sich selbst und um so unmittelbarer für den gemeinen Nutzen bereitstellen können . . .

sagen können, daß nach der Heideggerschen Lehre die soziale Ordnung als solche im eigentlichen Sein ihren Platz nicht hat. Damit ist sie aber nicht verworfen, ein endgültiges Urteil ist nicht über sie gefällt. Festzustellen ist vielmehr, daß Heidegger selbst der Rechtswelt nicht begegnet ist. Aus seiner Lehre verbindliche Aussagen über diese Welt zu ziehen, dürfte zu weit gehen[48]).

Fragen wir, ob damit ein Urteil über den hier entwickelten Begriff der Pflicht gefällt ist. Die Antwort müßte »ja« lauten, wenn wir einen Pflichtbegriff zugrunde gelegt hätten, den wir als ontologische, stets verbindliche Wertentscheidung anerkennen müßten. »Nein« lautet die Antwort, betrachten wir den hier entwickelten Pflichtbegriff. Dieser findet seine Rechtfertigung nicht in ontologischen Gegebenheiten, sondern in historisch begründeten Wertentscheidungen der Gemeinschaft im Rahmen ihres Sozialbewußtseins und der sich darin ausdrückenden Erkenntnis, daß ein Miteinander mehrerer nur möglich ist, wenn gewisse Voraussetzungen für eine Verläßlichkeit und Verantwortlichkeit aller gefordert, anerkannt und verwirklicht werden.

Auch in den Gedankengängen Jaspers findet sich kein Hinweis, der zu der Überlegung führen könnte, das Denken in den hier vorgezeichneten Pflichtenstellungen sei abwegig, da sinnlos.

Mit der Anerkennung sog. Gestalten der Objektivität, deren eine Gruppe die Gestaltung des realen, die andere die des idealen Seins umfaßt, liegt die Entscheidung Jaspers klar. Auf das vorliegende Thema bezogen, finden wir die realen Gestalten der Objektivität in den Willensäußerungen des Staates, die idealen in den gemeinsam anerkannten und erlebten Wertvorstellungen der Gesellschaft[49]). Die Gestalten der Objektivität werden als Ordnungswerte festgelegt: »Existenz bejaht von sich aus das Dasein der Institutionen, weil sie für sie selbst unentbehrlich sind.«[50]) Und »daß ich Ordnung will, ist Ausdruck für den Willen der Existenz zu ihrer Verwirklichung in der Welt«[51]). Daß die staatliche Ordnung ihre Grenzen am Widerstandsrecht, die gesellschaftliche an der Eigenverantwortlichkeit findet, ist hier unwesentlich. Es kam nur darauf an festzustellen, daß soziale Ordnung und damit Pflichtenstellungen anerkannt werden[52]).

Wenn die Konsequenzen, die Jaspers aus der Einsicht in die Gestalten der Objektivität zieht, darin liegen, daß er neben die These vom Existieren als dem Wagnis der Ausnahme[53]) die Anweisung stellt: »Was ich tue, soll so sein, daß ich wollen kann, die Welt überhaupt sei so, daß es überall geschehen müsse«[54]), so steht er damit neben Kant[55]).

---

[48]) Vgl. auch Thyssen a.a.O. S. 87
[49]) Jaspers: »Philosophie II« a.a.O. S. 371ff.
[50]) Jaspers: »Philosophie II« a.a.O. S. 392
[51]) Jaspers: »Philosophie II« a.a.O. S. 365
[52]) Hierzu eingehend Düwel a.a.O. S. 104ff.
[53]) Vgl. »Von der Wahrheit« a.a.O. S. 748ff. und »Philosophie II« a.a.O. S. 361
[54]) »Philosophie II« a.a.O. S. 269
[55]) Vgl. Maihofer: »Recht und Sein« a.a.O. S. 26–27; Schultz a.a.O. S. 175–176

3. Zusammenfassung

Kurz zusammengefaßt ist festzustellen: Der Pflichtbegriff innerhalb des sozialen Pflichtenkreises entzieht sich einer Definition, die darüber hinausgeht, daß jeder Pflicht ein Sollen, eine Forderung der Sozietät gegenüber dem einzelnen zugrunde liegt. Der Versuch, einen deskriptiven subsumtionsfähigen Begriff zu formulieren, der den vielgestaltigen, wechselnden und mit der sozialen Stellung steter Wandlung unterliegenden Ansinnen der Sozietät an den einzelnen stets entspräche, muß scheitern. Der Vielfalt der Lebenserscheinungen könnte ein solcher Begriff nicht gerecht werden. Erst die wertende, vergleichende und abwägende Betrachtung der sozialen Stellung des einzelnen und der damit verbundenen sozialen Bezüge läßt konkrete Aussagen zur Pflichtenstellung des einzelnen zu. Sie ermöglicht es nämlich, typische Situationen zu erkennen und Forderungen für ein bestimmtes Verhalten in ihnen aufzustellen. Ein Miteinandersein bedarf der Vorzeichnung, Verläßlichkeit und Sicherheit der verschiedenen möglichen Verhaltensweisen. Die hier nötige Ordnung wird durch Pflichten abgegrenzt.

Die Erwartungen und Forderungen der Gemeinschaft an den einzelnen können begründet sein in sittlichen Normen, in Regeln der Konvention und in den Rechtsnormen.

II. Die Rechtspflicht

1. Rechtspflicht und Rechtsnorm

Rechtspflichten sind solche, die in Rechtsnormen begründet sind. Unter Rechtsnormen verstehen wir Normen, die entweder vereinbarungsgemäß oder auf Grund von Machtspruch als Normen des Rechts anerkannt werden[56]). Sie sind gerichtet auf die *Ordnung* des Miteinanderseins innerhalb der jeweils geschichtlichen Gemeinschaft. Sie stellen fest und bringen zum Ausdruck, »was die Gemeinschaft selbst durch den geschichtlich wirksamen Willen als das angemessene und richtige Verhalten der einzelnen zueinander oder zum Ganzen ansieht«[57]).

Es bedarf an dieser Stelle noch keiner Auseinandersetzung mit der Frage, ob die Rechtsordnung selbständige Pflichten begründen kann, oder ob das Recht dort, wo es sich nicht nur auf technisch wertneutrale Regelungen, wie z.B. im Straßenverkehr, bezieht, auf die Ethik als den Grund seiner Rechtmäßigkeit und damit auch seiner Verbindlichkeit verweist[58]). Gleich-

---

[56]) Vgl. Hardwig »Skriptum« a.a.O. S. 228

[57]) Hommes a.a.O. S. 121

[58]) So Kant, »Metaphysik d. Sitten« a.a.O. S. 338: »Das Rechthandeln mir zur Maxime zu machen, ist eine Forderung, die die Ethik an mich tut.«
BGH 6/52: »Die innere Verbindlichkeit des Rechts beruht gerade auf seiner Übereinstimmung mit dem Sittengesetz.« Ähnlich: Messner a.a.O. S. 239; ferner BGH NJW 52/593, 53/431; BGHSt 6/147ff.
Kritik ist insoweit kaum zu üben, denn daß Ethik und Recht als Sozialfaktoren sehr eng aufeinander bezogen sind, sollte unstreitig sein. Dahinstehen kann hier auch noch,

falls dahinstehen kann hier auch noch die Existenz und Verbindlichkeit von Naturrechtssätzen. Einerseits müßte nämlich eine Erörterung dieser Frage sich auseinandersetzen mit dem Problem, ob und inwieweit heute eine Ethik überhaupt imstande ist, fraglose Gewißheit über evidente Werte und Verpflichtungen zu bieten, wie auch mit der Tatsache, daß wir keine einheitlich unbestrittene Ethik haben, sondern uns vielmehr mit einer Reihe von Entwürfen auseinandersetzen müssen[59]).

Je nachdem, ob man sich etwa grundsätzlich zur Ethik Kants, Schelers, Heideggers bekennt, wird man die Frage nach der Evidenz bestimmter Werte und Verpflichtungen unterschiedlich beantworten müssen. Andererseits aber würde die Untersuchung an dieser Stelle durch eine eingehende Auseinandersetzung nicht weitergeführt. Nachdem sich nämlich das Grundgesetz in Artikel 1 ausdrücklich zur Achtung der menschlichen Würde und zu unverletzlichen und unveräußerlichen Menschenrechten bekannt hat, hat es ein positives Bekenntnis zu dem gemeinhin anerkannten Kern naturrechtlicher Gedanken abgelegt. Die Achtung menschlicher Würde und der Menschenrechte ist damit zumindest auch Rechtspflicht geworden. Erkennt man eine vorgegebene Ordnung an, so hat Artikel 1 GG nur deklaratorische Bedeutung. Lehnt man diese Ordnung ab, so muß man dem Artikel 1 konstitutive Bedeutung beilegen[60]).

2. Das äußere Verhalten als Gegenstand der Pflicht

Rechtspflichten sind gerichtet auf *äußere*, d. h. rational steuerbare Verhaltensweisen. Das soll nicht bedeuten, daß die innere Einstellung eines Menschen für das Recht unerheblich ist. Die subjektiven Tatbestandsmerkmale, deren Existenz unstreitig ist, beweisen das Gegenteil. Aber die innere Haltung allein ist rechtlich irrelevant, nicht die Manifestationen dieser Haltung. Wohl kann das Recht verpflichten, bestimmte Äußerungen einer Überzeugung zu unterlassen, bzw. bestimmte Handlungen nach außen sichtbar vorzunehmen, niemals aber eine bestimmte Überzeugung oder einen Glauben selbst gebieten. So kann die Rechtsordnung fordern, die gewissenlose Vernachlässigung einer Unterhaltspflicht zu unterlassen bzw. die Zahlung vorzunehmen. Die positive Überzeugung des Handelnden, daß dies richtig und anständig sei, kann das Recht nicht befehlen. Das folgt aus dem Begriff des Sollens, das nur auf steuerbare, d. h. beherrschbare Verhaltensweisen gerichtet sein kann.

---

ob das Recht wirklich abhängig ist von der Ethik. – Vgl. dazu S. 10ff. – Wo aber ein bestimmtes ethisches System der Rechtsanwendung zugrunde gelegt wird, ist weise Zurückhaltung geboten, da sonst eine Kritik nur allzu berechtigt ist – vgl. S. 10 Anm. 30

[59]) Vgl. hierzu S. 10 Anm. 30

[60]) Mißverständlich insoweit Nipperdey a. a. O. S. 8 mit der Formulierung: »Seine (scil. Grundsatz der Achtung der Menschenwürde) Geltung im Rechtsleben beruht daher jetzt auf der Verfassung.«

3. Die Situationsbezogenheit der Rechtspflicht

Mit der Feststellung, daß die Rechtspflicht begründet ist in Rechtsnormen, gerichtet ist auf Ordnung und eine äußere Verhaltensweise zum Inhalt hat, ist ihr Wesen noch nicht hinreichend beschrieben.

Die Rechtspflicht ist nämlich stets situationsbezogen[61]). Dies ist im wesentlichen heute anerkannt für die unechten Unterlassungsdelikte und die fahrlässigen Erfolgstaten.

Eine Pflicht, z. B. jede Tötung eines anderen zu unterlassen, wäre illusorisch. Die Pflicht kann nur dahin gehen, im Rahmen des Menschenmöglichen und des von der Rechtsgemeinschaft Verlangten, Tötungen zu unterlassen. Wirft sich etwa ein Selbstmörder vor den mit hoher Geschwindigkeit durch einen Bahnhof fahrenden D-Zug, so wäre es sinnlos zu behaupten, der Zugführer habe seine Pflicht, menschliches Leben nicht zu vernichten, verletzt, wenn es ihm trotz aller Mühe nicht mehr gelungen ist, den Zug rechtzeitig zu stoppen. Für das Recht wäre eine solche Aussage bedeutungslos, denn einen vernünftigen Bezug könnte es daran nicht knüpfen.

Genausowenig hat der Vater die Pflicht verletzt, seinem Kinde zu helfen, wenn er nicht handelt, weil er gar nicht weiß oder wissen konnte, daß sein Kind in Gefahr schwebt[62]).

Daß das Recht aber situationsbezogen ist, folgt darüber hinaus notwendig aus seiner Ordnungsfunktion.

In jedem Augenblick seines Lebens befindet sich der Mensch in Situationen. Diese mögen ökonomische, soziologische oder politische sein. Die Situation ist gleichsam die Wirklichkeit für das auf sein Dasein schauende Subjekt. In ihr kommen andere Subjekte und deren Interessen, soziologische Machtverhältnisse, zufällige Gegebenheiten usw. zur Geltung. »Situation heißt eine nicht nur naturgesetzlich, vielmehr eine sinnbezogene Wirklichkeit, die weder psychisch noch physisch, sondern beides zugleich als die konkrete Wirklichkeit ist, die für mein Dasein Vorteil oder Schaden, Chance oder Schranke bedeutet«[63]).

Denkbar sind Situationen im Dasein als bestimmte historisch einmalige oder als allgemeine, typische Situationen. Sie bestehen, indem sie sich wandeln, denn jede Situation – einmal bewußt geworden – ruft auf zu einem Verhalten. »Durch sie geschieht nicht automatisch ein Unausweichliches, sondern sie bedeutet Möglichkeiten und Grenzen der Möglichkeiten: was in ihr wird, hängt auch von dem ab, der in ihr steht, und davon, wie er sie

---

[61]) Vieles spricht dafür, daß dies auch für die sittliche Pflicht gilt, da zwingend daraus folgt, daß nur Menschenmögliches Inhalt einer Pflicht sein kann. Auf den umfangreichen Streit hierzu kann aber nicht eingegangen werden, da die Frage außerhalb der Thematik der Untersuchung läge.

[62]) Welzels Begriff der Normwidrigkeit – vgl. Lb a.a.O. S. 73 ff. – steht dem nicht entgegen. Dieser Begriff ist überhaupt nur sinnvoll, wenn man seine Bedeutung in dem Indiz sieht, es läge ein äußeres Verhalten bzw. ein Erfolg vor, der rechtlich einmal betrachtet werden solle.

[63]) Jaspers »Philosophie II« a.a.O. S. 202

erkennt.«[64]) An diesem Punkt des Schaffens von Situationen beginnt die Aufgabe der Rechtsordnung als Ordnungsmacht des Soziallebens. Ihre Pflichten fordern eine bestimmte Gestaltung typischer Situationen. In diesem Sinne sind die Tatbestände des besonderen Teiles des Strafgesetzes Umschreibungen typischer Unrechtsweisen, verbunden mit bestimmten Ansinnen, die Rechtfertigungsgründe hingegen die Beschreibung von typischen Situationen, in denen das bestimmte Ansinnen gerade fehlt. Ihre Gesamtbetrachtung ist Gegenstand des Unwerturteils.

III. Konsequenzen für den Gang der Untersuchung

Aus der Ordnungsfunktion und Situationsbezogenheit der Rechtspflicht ergibt sich für den Gang der vorliegenden Untersuchung eine bedeutungsvolle Konsequenz: Wie immer die Pflichtenkollision strukturiert sein mag: Unlösbare – weil sich im Ansinnen widersprechende – Pflichtenkollisionen kann die Rechtsgemeinschaft nicht anerkennen. Sie würden dem Dogma der Einheit der Rechtsordnung widersprechen. Verbindlichkeit und Richtigkeit dieses Dogmas folgen aber aus der Tatsache, daß die Rechtsordnung eine Pflichtenordnung ist, die Pflicht aber auf Menschenmögliches gerichtet sein muß.

Unstreitig sollte nach den überzeugenden Darlegungen Mezgers[65]) heute sein, daß das Recht weder ausschließlich ein Inbegriff von Bestimmungsnormen – Imperativentheorie – [66]) noch allein ein Inbegriff formaler Beurteilungsmaßstäbe ist[67]). Das Recht als Bestimmungsnorm setzt logisch eine Wertung voraus, nämlich die Festlegung einer Wertskala[68]). Das Recht als Bewertungsnorm ist daher Voraussetzung für das Recht in seiner Funktion als Bestimmungsnorm. Maßstab der Bewertung des Unrechts ist dabei die sozial-ethische Schädlichkeit[69]). Auf Grund seiner Ordnungsfunktion im sozialen Raum wirkt sich dann aber das Recht auch als Bestimmungsnorm aus[70]). Dieser Funktion entspricht es nämlich, wenn es sich an den einzelnen wendet und sein Tun zu bestimmen sucht.

Dies geschieht, indem das Recht seine Aufgabe der Vorzeichnung menschlichen Verhaltens erfüllt[71]). So gesehen aber müssen die einzelnen Rechtsnormen in einem inneren Zusammenhang stehen. Widersprechen sie sich, so setzen sie nicht Ordnung, sondern Unordnung. Das Individuum vermag sich an ihnen nicht auszurichten, ihm ist es nicht mehr möglich, sich pflichtgemäß zu verhalten. Damit aber liegt in dem entgegengesetzten Ansinnen der Rechtsordnung keine Pflicht begründet.

---

[64]) Jaspers »Geistige Situation« a.a.O. S. 22
[65]) Vgl. GS 89/239ff.
[66]) Vgl. hierzu insbes. Sieverts a.a.O. S. 91ff.; Lampe a.a.O. S. 9ff.
[67]) So Kelsen, »Hauptprobleme der Staatsrechtslehre« a.a.O.
[68]) Vgl. Sieverts a.a.O. S. 98ff.
[69]) Vgl. Mezger GS 89/240–241, sowie unten S. 21f.
[70]) Vgl. Hardwig a.a.O. ZStW 68/20
[71]) Vgl. Sieverts a.a.O. insbes. S. 99ff.

Wollte man wirklich hier von einem Pflichtenwiderstreit sprechen, und das tut die herrschende Meinung[72]), so wäre das Dogma der Einheit der Rechtsordnung in Wirklichkeit aufgehoben. Auch der Einwand von Gallas[73]), daß der Irrationalität des Daseins gegenüber die Rechtsordnung als Normensystem sich nicht uneingeschränkt durchzusetzen vermag, wäre nur eine Bestätigung der Widersprüchlichkeit der Rechtsordnung. Wenn die Rechtsgemeinschaft sich als unfähig erweist, ein eindeutiges Handeln eines Rechtsunterworfenen in einer einzigen Rollenstellung zu bestimmen, andererseits aber beansprucht – obwohl sie keinen rechtsgetreuen Weg zu weisen vermag –, das Verhalten abwertend zu beurteilen, kann von einer Einheit der Rechtsordnung nicht gesprochen werden.

Der eigentliche Sinn der Rechtsordnung: Vorzeichnung, Sicherstellung und Durchsetzung bestimmten Verhaltens im Interesse der anderen wäre aufgehoben[74]). Hier hätte die Rechtsordnung nicht vorgezeichnet, sondern verzeichnet, und zwar nicht, weil die Irrationalität des menschlichen Daseins nicht vorhersehbar wäre[75]), sondern weil sie nicht in der Lage ist, Ausdruck zu geben davon, was sie in einer bestimmten Rolle erwartet, obwohl sie sich eine Wertung des Verhaltens anmaßt.

Es wäre die Situation so, daß die Rechtsgemeinschaft von einem Rechtsgenossen fordere, X zu tun und mit dem gleichen Ansinnen der Verbindlichkeit darauf dringe, X nicht zu tun. Entweder ist aber eine Forderung verbindlich oder nicht. Wo sie es nicht ist, kann von einer Pflicht nicht gesprochen werden[76]). Soll daher hier nicht der Begriff der Pflicht in Frage gestellt werden, so muß davon ausgegangen werden, daß die Rechtsgemeinschaft nicht beide Pflichten nebeneinander aufrecht erhalten will und kann. Bewußt unmögliche Ansinnen sind nicht geeignet, eine bestimmte Rollenstellung inhaltlich auszufüllen. Hier liegen in Wirklichkeit gar nicht zwei einander ausschließende verbindliche Pflichtansinnen vor. Wird z.B. der Arzt A an eine Unfallstelle gerufen, wo B und C verbluten, wenn A

---

[72]) Dies wird besonders deutlich bei der Erörterung der Euthanasie-Fälle – vgl. S. 2 –, wo Rechtsprechung und Lehre ohne Zögern von einem Pflichtenwiderstreit sprechen. Es kollidiere die Pflicht der Ärzte, die ihnen anvertrauten Patienten zu retten (die h.M. nimmt hier eine sittliche unter Ablehnung einer rechtlichen Pflicht an; dagegen mit Recht Gallas »Pflichtenkollision« S. 328), mit der Pflicht, zum Tode keines Patienten einen Beitrag zu leisten.

[73]) »Pflichtenkollision« a.a.O. S. 312

[74]) Vgl. Meister MDR 1947/47, Maihofer: »Unrechtsvorwurf« a.a.O. S. 149

[75]) Darin liegt nämlich die Problematik, wenn zwei Rollenstellungen mit entgegengesetzten Pflichten in einer Person zusammentreffen.

[76]) Insoweit ist Nelson a.a.O. S. 206–207 zuzustimmen: »wenn es wirklich eine Kollision von Pflichten gibt, dann kann es überhaupt keine Pflichten geben, und der Begriff der Pflicht selbst würde sich als leeres Hirngespinst erweisen«.
Sehr klar auch Engisch: »Einheit« a.a.O. S. 53–55 mit weiteren Literaturangaben und Kelsen a.a.O. S. 329; Buschendorf a.a.O. § 21
Mit Recht zieht Goldschmidt – »Vollstreckungsbetrieb« a.a.O. 12–13 – den Vergleich, es gleiche die Rechtsordnung sonst der Portia in Shakespeares »Kaufmann von Venedig«, die dem Shylock zwar erlaubt, ein Pfund von Antonios Fleisch zu schneiden, aber nicht die notwendige Folge, Antonios Blut zu vergießen.

nicht sofort eingreift, so geht das Pflichtansinnen nicht darauf, B und C zugleich zu helfen, was dem A unmöglich wäre mit der Folge, daß er gar nichts zu tun brauchte, sondern dahin, das ihm in dieser Situation Mögliche zu tun. A muß zumindest B oder C retten[77]), nur das ist vernünftig und kann von der Rechtsgemeinschaft gebilligt werden.

Damit ist der Raum für die Untersuchung gewiesen. Die Frage, wie sich scheinbare Kollisionen lösen, kann allein im Rahmen des Rechtswidrigkeitsurteils ihre Antwort finden. Erst wenn nämlich feststeht, daß der Täter einer Rechtspflicht zuwidergehandelt hat, können Entschuldigung und Strafausschluß erörtert werden. Wo es aber an einem verbindlichen Ansinnen fehlt, darf bereits kein Unwerturteil gefällt werden.

Zunächst gilt es demgemäß aufzuzeigen, wie eine Unrechtslehre beschaffen sein muß, die es vermag, dann, wenn ein besonderer Tatbestand erfüllt ist, klar herauszustellen, welches Ansinnen in der besonderen Situation an den Täter gestellt ist.

Eine kurze Darstellung der verschiedenen Meinungen zur Unrechtslehre wird daher nötig, damit geklärt werden kann, was hier als Gegenstand des Rechtswidrigkeitsurteils verstanden und unter welchen Gesichtswinkeln die Klärung der Pflichtensituation erreicht wird. Einerseits verbietet es sich nämlich von der Sache her, eine Unrechtslehre allein unter den hier erörterten Gesichtswinkeln selbständig zu entwickeln, andererseits kann nicht eine Meinung zur Grundlage der Untersuchung erhoben werden, die bereits aus allgemeinen systematischen Erwägungen her als unbefriedigend bezeichnet werden muß.

---

[77]) Vgl. Nelson a.a.O. S. 211–212

B. DER INHALT DES RECHTSWIDRIGKEITSURTEILS

I. Terminologische Klärung

Das Urteil, ein Verhalten sei rechtswidrig, besagt zunächst nichts weiter, als daß eine bestimmte Verhaltensweise dem Recht widerspricht. Der Ausdruck dieses Mißverhältnisses zwischen einem Verhalten und den Anforderungen des Rechts ist einerseits allgemein, d.h. er gilt bezogen auf das gesamte Gebiet des Rechts, andererseits formal, da er lediglich die Tatsache des Rechtswiderspruchs zum Ausdruck bringt.

Das Rechtswidrigkeitsurteil wird dann gefällt, wenn eine Verhaltensweise nicht Recht, sondern Unrecht verwirklicht, d.h. ein sozial-ethisch verwerfliches, schädliches Verhalten darstellt[78]),[79]). Das Unrecht kann unter Quantitäts- und Qualitätsgesichtspunkten gewertet werden[80]). Es gibt strafbares und nichtstrafbares, zivilrechtliches und verwaltungsrechtliches Unrecht, nicht aber strafbare und nichtstrafbare Rechtswidrigkeit usw.[81]).

Mit dieser begrifflichen Klärung ist allerdings noch nicht umrissen, wann Recht und wann Unrecht verwirklicht wird. Es gilt daher, den Gegenstand des Rechtswidrigkeitsurteils näher zu untersuchen.

II. Die Unrechtsverwirklichung als Gegenstand des Rechtswidrigkeitsurteils

1. Ausgangspunkt

Das dreigliedrige Straftatsystem der sog. klassischen Lehre mit seiner scharf herausgestellten Unterscheidung von außen und innen, von objektivem Geschehen als Gegenstand des Rechtswidrigkeitsurteils und subjektiver

---

[78]) Dort, wo ein Rechtsgebiet nicht, wie im Strafrecht, Verhaltensweisen, sondern auch Zustände bewertet, wie im Zivilrecht und öffentlichen Recht, bildet das Recht nicht nur eine Verhaltens-, sondern auch eine Zustandsordnung. Anliegen des Strafrechts ist eine solche Ordnung aber nicht; vgl. Roxin a.a.O. ZStW 74/529

[79]) Daß Unrecht sozial-ethisch verwerfliches, schädliches Verhalten darstellt, ist im Grundsatz heute unstreitig – vgl. Schmidhäuser a.a.O. S. 161 ff., insbes. die umfangreichen Literaturangaben S. 161 Anm. 18

[80]) Auf die Wertskala des Unrechts hat überzeugend Kern a.a.O. ZStW 64/255 ff. hingewiesen. Wenn Kern seinen Aufsatz allerdings »Grade der Rechtswidrigkeit« nennt, so ist dem nicht zu folgen. Es handelt sich um »Grade des Unrechts«; vgl. auch Hardwig a.a.O. ZStW 68/28. Insofern geht auch die Kritik Horns a.a.O. S. 89 fehl, denn daß Kern den Begriff »Rechtswidrigkeit« i. S. d. hier gebrauchten Begriffs »Unrecht« verwendet, ergibt sich aus seinen Darlegungen.

[81]) So Welzel, Lb a.a.O. S. 49: »Unrecht ist die rechtswidrige Verhaltensweise selbst ... Rechtswidrig ist eine Eigenschaft an dieser Verhaltensweise. Desgl. Hardwig a.a.O. ZStW 68/28 und Engisch: »Unrechtstatbestand« S. 402. Demgegenüber werden die Begriffe »Rechtswidrigkeit« und »Unrecht« gemeinhin gleichbedeutend gebraucht; vgl. Mezger StuB AT a.a.O. S. 85

Täterhaltung als Gegenstand der Schuld, ist mit der Entdeckung subjektiver Unrechtselemente in seinen Grundzügen erschüttert worden[82] [83]).

Meinte man zunächst, den Gegensatz: Bewertungs- und Bestimmungsnorm auch für die Unterscheidung von Tatbestand, Rechtswidrigkeit und Schuld heranziehen zu können, so wurde doch bald erkannt, daß hier eingeschlagene Wege nicht weiter führten.

Die einstmals sehr begrüßte Formel Eberhard Schmidts: »Bei der Feststellung der objektiven Rechtswidrigkeit fungiert das Recht als objektive Bewertungsnorm, bei Feststellung der Schuld dagegen in seiner Wirkung als Bestimmungsnorm«[84]), war schon bald heftigen Angriffen ausgesetzt[85]), doch mag die Richtigkeit der Formel dahinstehen. Ob nämlich die Rechtswidrigkeit lediglich auf Grund der Bewertung äußerer Merkmale eines menschlichen Verhaltens festzustellen ist, oder ob auch subjektiv innere Gehalte des Täters zur Unrechtsbestimmung heranzuziehen sind, ist mit ihr nicht geklärt[86]). Gerade darum geht aber heute der Streit erbitterter als je zuvor.

2. Der Stand der Unrechtslehre

a) *Die streng objektive Unrechtslehre*

Eine eingehend begründete objektive Unrechtslehre vertreten heute Hellmuth Mayer[87]), Wegner[88]), Rittler[89]) und Nowakowski[90]),[91]).

Sie sehen die rechtswidrige Handlung als objektivierten Willen. Der subjektive Wille, die Schuld, ist dann das Innere; die Tat, das objektive Unrecht, das Äußere, die objektive Seite des Verbrechens: »Auf die Seite

---

[82]) Vgl. Maihofer: »Unrechtsvorwurf« a.a.O. S. 141

[83]) Ein dogmengeschichtlicher Überblick über die Entwicklung liegt außerhalb des Rahmens der Arbeit. Hier kann im übrigen auch auf vorzügliche Arbeiten verwiesen werden, nämlich Mezger GS 89/207–239; Sieverts a.a.O. S. 4–90 und aus neuerer Zeit Lampe a.a.O.

[84]) Liszt-Schmidt a.a.O. S. 173 Anm. 1

[85]) Vgl. Sieverts a.a.O. S. 100ff.

[86]) So auch Sieverts a.a.O. S. 110

[87]) Lb a.a.O. insbes. S. 103ff.

[88]) Strafrecht AT a.a.O. S. 108–111

[89]) Lb AT a.a.O. S. 114ff.

[90]) ZStW a.a.O. 63/287ff.

[91]) In neuester Zeit ist eine Neubelebung der konsequent objektiven Theorie nicht zu übersehen:
Entschieden bekennt sich Horn a.a.O. insbes. S. 89ff. zu ihr, doch macht er es sich zu einfach, wenn er meint: »Die objektive Natur der Rechtswidrigkeit wird kaum ernsthaft bestritten ... sie wird aber trotz ihrer allgemeinen Anerkennung von der heute in Deutschland herrschenden Meinung in wichtigen Fällen nicht beachtet.« Gleichfalls weisen auf die strenge objektive Theorie sehr die Ausführungen Oehlers »Zweckmoment« a.a.O. S. 20ff. und 113ff., sowie die Bindokats a.a.O. JZ 1958 insbes. S. 558 hin.

des objektiven Unrechts gehört demnach die äußere Tatseite und nur diese als die äußere Gestalt, welche sich der Wille gibt.«[92])

Dennoch spricht sich Mayer entschieden gegen eine objektivistische Unrechtslehre aus: »Der rein objektivistische Unrechtsbegriff ist aber nicht geeignet, den strafrechtlichen Vorwurf gegen die Person des Täters zu tragen.«[93]) . . . »Die Schuld werde zum reinen Internum und die Tat selbst verliere so ihre unentbehrliche finale Beziehung.«[94]) . . . »Tat und Wille oder objektives Unrecht und Schuld verhalten sich wie Körper und Seele.«[95])

Wenn Mayer aus der dialektischen Wechselbeziehung zwischen Innen und Außen, zwischen Schuld und Unrecht folgert, daß es sich hier um »Gliedbegriffe innerhalb des einheitlichen Gesamtbegriffes Verbrechen« handelt[96]), so ist dem zuzustimmen. Wenn dennoch Gegenstand des Unrechtsurteils allein der objektivierte Wille sein soll, so handelt es sich aber hier um eine objektive Unrechtslehre. Das Unrechtsurteil wird losgelöst von subjektiven Merkmalen – Absichten oder Tätereinstellungen – gefällt. Warum dann aber zwischen Unrecht und Schuld ein funktionelles Verhältnis bestehen soll, bleibt uneinsichtig.

Mehr spräche dafür, hiernach zwischen beiden eine allein quantitative Ergänzung zu sehen. Wenn nämlich ein solch funktionelles Wechselverhältnis besteht, muß dieses sich doch bereits in den das Unrecht konstituierenden Gegebenheiten auswirken, nicht aber erst, nachdem das Unrechtsurteil bereits gefällt ist. Nur schwerlich können Unwerterlebnis und graduelle Einstufung des Unrechts zwei verschiedene Erlebnisse darstellen[97]). Wo lediglich, wie bei Mayer, der objektivierte Wille, d.h. der Wille, soweit er in einem äußeren Verhalten Ausdruck gefunden hat, beurteilt wird, ist die Betrachtung in sich nur dann folgerichtig, wenn man, und das tut Mayer allerdings, davon ausgeht, daß sich die gesamte strafrechtlich relevante subjektive Absicht in der Tat objektivieren kann[98]). Dem ist aber nicht so. Das wird bereits in den von Mayer selbst gebildeten Beispielen deutlich. Wenn jemand bei einer Brandkatastrophe eine Sache birgt in der Absicht, sie sich zuzueignen, wenn der Eigentümer sie nicht findet, so soll ihn das noch nicht zum Dieb machen. Erst wenn er die Sache versteckt, so daß der Eigentümer sie nicht finden kann, läge ein Diebstahl vor[99]). Wie nun, wenn der Täter z.B. die wertvolle Vase ungesehen in Zueignungsabsicht in sein Haus bringt, der Eigentümer aber überhaupt keinen Verdacht

---

[92]) H. Mayer Lb a.a.O. S. 104; ähnlich Wegner a.a. O.S. 110; Rittler a.a.O. S. 125; Nowakowski a.a.O. ZStW 63/320

[93]) Lb a.a.O. S. 105

[94]) Lb a.a.O. S. 215

[95]) Lb a.a.O. S. 103

[96]) Lb a.a.O. S. 103

[97]) Zuzustimmen ist hier Hardwig ZStW 68/30ff. darin, daß das funktionelle Verhältnis von Unrecht und Schuld überhaupt nur möglich ist in einem personalen Unrechtsbereich, wo Zielsetzung, Einstellung und Zwecke des Täters bereits im Unrechtsgehalt gewürdigt werden.

[98]) Lb a.a.O. S. 104

[99]) Lb a.a.O. S. 104–105

hegt, daß sich jemand der Vase bemächtigt haben könne? Der Eigentümer kennt den Täter auch nicht persönlich. Warum sollte dieser Täter die Vase verbergen, sie heimlich verstecken? Die Tatsache, daß er die Vase dreist in aller Offenheit selbst benutzt, kann doch nicht ernstliche Zweifel am Vorliegen eines Diebstahls begründen?

Wie auch soll bei einer derart objektiven Betrachtung der Gebrauchsdiebstahl vom strafbaren Diebstahl abgegrenzt werden?

Das Argument, der Gebrauchsdiebstahl sei gleichfalls Unrechtshandlung, daher komme es auf diese Unterscheidung im Rahmen des Unrechtsurteils nicht an, ist unzutreffend, denn daß der Unrechtsgehalt eines Diebstahls ein ganz anderer ist als der einer Entleihung ohne Wissen des Eigentümers, ist schwerlich zu bestreiten.

Bei den Delikten mit überschießender Innentendenz, dort wo ein besonderer Verteidigungswille zu fordern ist[100]), und nicht zuletzt bei Täterschaft-Teilnahme und Versuch[101]) findet in Wahrheit die relevante subjektive Absicht nicht sichtbare Gestalt im äußeren Geschehen, wie die Anhänger der objektiven Theorie meinen. Wenn A z.B. einen Knüppel über dem Kopf des B schwingt, so kann das ein Tötungsversuch, eine versuchte Körperverletzung, ein Scherz oder reiner Zufall – soweit der Schlag nämlich auf ein Objekt neben B gerichtet ist – sein. Sichtbare Gestalt hat ein bestimmter Wille des A in seinem Verhalten nicht gefunden. Eine Wertung setzt zwangsläufig die Kenntnis des Willens, nicht nur die mögliche Betrachtung des objektiven Geschehens voraus.

Schon in ihrem Ausgangspunkt: Rechtswidrige Handlung gleich objekti-

---

[100]) Konsequent insoweit Horn a.a.O. S. 90, der die Notwendigkeit eines Verteidigungswillens bestreitet. Zugleich übt Horn a.a.O. S. 91 Kritik daran, daß in dem bekannten Beispiel Dohnas derjenige, der mutwillig eine Scheibe zertrümmert und dadurch zufällig ein Kind vor dem Ersticken bewahrt, bestraft werden solle. Wäre diese Kritik berechtigt, dann müßte schließlich auch derjenige straffrei bleiben, der am Sonntag seinen Feind F umbringt, wenn sich später herausstellt, daß F bereits Vorbereitungen getroffen hatte, am Montag Weib und Kind zu ermorden. Dem kann aber gewiß nicht mehr zugestimmt werden.

[101]) Wollte man etwa beim Versuch allein auf das objektive Geschehen abstellen, dann gäbe es weder einen tauglichen noch einen untauglichen Versuch. Auch wenn z.B. die Kugel des Mörders das Opfer nur um Millimeter verfehlt, liegt objektiv noch keine Rechtsgutsverletzung vor. Objektiv hat sich daher ein Tötungswille noch nicht realisiert.

Instruktiv auch Engisch: »Subjektive Tatbestandselemente« a.a.O. S. 178: »In einem Gasthaus greift jemand nach einem fremden Mantel, der über dem eigenen hängt, in der Absicht, statt des eigenen den fremden Mantel mitzunehmen, falls dies unbeobachtet geschehen kann. Sollte er entdeckt werden, will er so tun, als habe er den fremden Mantel nur ergriffen, um den eigenen vom Gestell nehmen zu können.« Das, stellt Engisch zutreffend fest, was rein äußerlich geschieht, reicht nicht aus, um die Tatbildmäßigkeit feststellen zu können.

Auch das von allen Objektivisten stets erneut herangezogene Beispiel des Arztes – H. Mayer Lb a.a.O. S. 104, Horn a.a.O. S. 90 Anm. 57 mit weiteren Nachweisen – dessen Untersuchungshandlung allein durch abschweifende Gedanken nicht zur Unzucht werde, geht fehl. Daß der Arzt nicht Unzucht begeht, besagt nichts für die obj. Lehre. Der Grund liegt allein in der Bestimmung des Unzuchtbegriffes, der einen sehr starken objektiven Gehalt hat.

vierter Wille, subjektiver Wille gleich Schuld, kann dieser Ansicht nicht gefolgt werden. Eine wertende Betrachtung von Verhaltensweisen unter dem Gesichtspunkt, ob sie Unrecht verwirklichen oder nicht, setzt stets auch die Kenntnis des Täterwillens voraus. Sonst bleibt nämlich unklar, unter welchen gesetzlichen Tatbestand überhaupt eine Einordnung versucht werden soll[102]).

In den hier zu erörternden Fällen, wo bei einer Rettungshandlung andere Menschenleben vernichtet werden, wäre mit der streng objektiven Theorie jede Differenzierung möglicher Fallvarianten unmöglich. Gleichgültig, ob der Täter mit Rettungswillen oder aus Mordlust handelt, objektiv gesehen liegt stets eine Tötungshandlung, d.h. eine rechtswidrige Verhaltensweise vor.

b) Die eingeschränkt objektive Lehre

Die heute herrschende Unrechtslehre[103]),[104]) steht grundsätzlich auf einem objektiven Standpunkt: »Das Recht ist eine objektive Lebensordnung«[105]). Es sind zu unterscheiden die »objektive Bewertungsnorm des Rechts, die jene objektive Lebensordnung verkörpert, und die aus ihr abgeleitete Bestimmungsnorm, die sich an den einzelnen wendet und ihm sagt und sagen will, was er seinerseits zu tun und zu lassen hat, um jener Bewertungsnorm zu genügen. Das der objektiven Bewertungsnorm Widersprechende ist »objektive Rechtswidrigkeit«, ist Unrecht«[106]). Unrecht ist daher Urteil über die Tat, nicht den Täter[107]).

Erst das Schuldurteil befaßt sich mit der Beziehung des Täters zur Tat[108]). Allerdings räumt die herrschende Meinung ein, daß die objektive Bewertungsnorm des Rechts sich sowohl auf äußeres wie auf inneres seelisches Verhalten beziehen kann. Diese Beziehungen des objektiven Rechts auf subjektives Verhalten bedürfen aber stets eines besonderen Nachweises[109]).

---

[102]) Zur Kritik der streng objektiven Lehre vgl. auch Schmidhäuser a.a.O. S. 146f. und Krauß ZStW 76 S. 22–31

[103]) Vgl. Mezger: StuB AT a.a.O. S. 84–93, Moderne Wege a.a.O. S. 20–32; Baumann: Lb a.a.O. S. 208–210; Engisch: »Subjektive Tatbestandselemente« a.a.O. S. 165–183; Maurach: Lb AT a.a.O. insbes. S. 232–237; Sauer: a.a.O. S. 22ff.

[104]) Auch Lange – vgl. Kohlrausch-Lange a.a.O. S. 12ff. – und Schröder – vgl. Schönke-Schröder a.a.O. Vorbem. B S. 12ff. – sind hierher zu rechnen, doch begründen sie ihren Standpunkt nicht eingehend.

[105]) Mezger: StuB AT a.a.O. S. 86

[106]) Mezger: StuB AT a.a.O. S. 87; ders. Moderne Wege a.a.O. S. 20; ähnlich Sauer a.a.O. S. 22/23

[107]) Maurach AT a.a.O. S. 232

[108]) Baumann: Lb a.a.O. S. 208

[109]) Mezger: StuB AT S. 87; vgl. auch Engisch: »Subjektive Tatbestandselemente« a.a.O. S. 182: »Der Objektivismus soll hier nur insofern modifiziert werden, als das Subjektive innerhalb der Tatbestands- und Unrechtslehre dort nicht beiseite gesetzt werden darf, wo es bei sachgemäßer Auslegung und Anwendung des gesetzlichen Tatbestandes unentbehrlich ist, um das Urteil tatbestandsmäßigen Unrechts zu begründen.«

Grundsätzlich bedeutet Rechtswidrigkeit das unpersönlich objektive Urteil über den Widerspruch der Tat mit der Rechtsordnung, während die Schuld die persönliche Zurechnung der Tat dem Täter gegenüber hervorhebt. Nur dort, wo im konkreten Tatbestand bestimmte subjektive Merkmale ausdrücklich genannt sind, wie bei den sog. Absichts-, Tendenz- und Ausdrucksdelikten[110]) oder dort, wo eine besondere vom Handelnden gegebene Richtung auf den Erfolg maßgeblich ist, können auch subjektive Momente berücksichtigt werden.

Von zwei verschiedenen Seiten läßt sich gegen diese Lehre argumentieren:

Erstens: Nur schwerlich ist die Ansicht in sich konsequent und folgerichtig aufgebaut: Wenn grundsätzlich die Trennung von Unrecht und Schuld in objektiv und subjektiv beibehalten wird, dennoch aber subjektive Unrechtselemente anerkannt werden, so bedürfte es eines Kriteriums – nicht nur einer exakten Untersuchung des geltenden Rechts[111]) –, welche in einem Tatbestand genannten subjektiven Momente dem Unrecht und welche der Schuld zuzurechnen sind. Ein solches Kriterium gibt die herrschende Meinung nicht. Eine willkürliche Aufgliederung der einzelnen Tatbestände ohne festes Leitbild vermag aber keine Wege zu weisen[112]).

Zweitens: Wie soll man bei der Wertung eines Verhaltens von der Täterpersönlichkeit absehen können, wo etwa eine strafbare Pflichtverletzung zur Diskussion steht? Der Unterschied im Unrechtsgehalt zwischen der Körperverletzung durch einen beliebigen Rechtsgenossen und der durch einen Beamten im Amt liegt doch allein in der besonderen persönlichen Pflichtenstellung des Beamten begründet[113]). Genausowenig kann man von der persönlichen Pflichtenstellung des Täters bei den Fahrlässigkeits- und Unterlassungsdelikten absehen[114]),[115]).

Die herrschende Unrechtslehre wird demnach der Doppelfunktion der Rechtsordnung als einer Rechtswert- und Rechtspflichtenordnung nicht gerecht. Die Bewertung eines Verhaltens kann niemals abstrakt an irgendwelche Rechtsgüter und ihre objektive Verletzung anknüpfen, sondern allein an der Verschiedenheit der Individuen in der Sozietät, verbunden mit einem Schutz bestimmter Rechtsgüter. Gerade die Verschiedenheit der einzelnen Rechtsgenossen fordert eine Verschiedenheit der Intensität und Ausgestaltung des Rechtsgüterschutzes, und zwar gerade dann, wenn man davon ausgeht, daß die Rechtsordnung primär Wertordnung ist. Nur über den Begriff der Pflicht vermag die Rechtsordnung ihren Wertentscheidungen Anerkennung zu verschaffen. Eine Lehre aber, die den Pflichtbegriff in den Hintergrund rückt, ist auch nicht imstande, die Pflichtenkollision angemessen zu würdigen.

---

110) Mezger: StuB AT a.a.O. S. 89
111) Mezger: »Moderne Wege« a.a.O. S. 25
112) Vgl. auch Schmidhäuser a.a.O. S. 141–142
113) Vgl. hierzu auch Maihofer: »Unrechtsvorwurf« a.a.O. S. 144
114) Vgl. Maihofer: »Unrechtsvorwurf« a.a.O. S. 144
115) Vgl. dazu auch Schaffstein, »Pflichtverletzung« a.a.O. S. 36f.

c) Die sozial-objektive Lehre

Anknüpfend an die soziale Handlungslehre entwickelt Maihofer eine soziale Unrechtslehre[116]). Nach Maihofer steht der Mensch unter einem zweifachen Gesetz: »Dem ›werde selbst‹ der existentiellen Maxime und dem ›werde allgemein‹ des kategorischen Imperativs.«[117]) Diese doppelte ethische Forderung soll zugleich geeignet sein, Unrecht und Schuld zu trennen: »Das Unrecht betrifft uns nicht in unserer Konstitution als individuelles Wesen, sondern in unserer Position als soziales Wesen. Alle Unrechtswertung legt an uns den Maßstab des MAN und führt zu dem sozialen Vorwurf: MAN hätte hier anders handeln sollen und können. Ganz anders die Schuld. In ihr allein sind wir höchst persönlich betroffen in unserer Konstitution als individuelles Wesen.«[118])

Schon Formulierungen Maihofers: »Im Unrechtssachverhalt ist erfaßt die Umschreibung der Tat des Täters in ihrer sozialen äußeren Wirklichkeit und Wirkung, im Schuldsachverhalt dagegen die Tat des Täters in ihrer individuellen inneren Verbindlichkeit und Bewirkung«[119]), machen deutlich, daß Maihofer eine objektive Unrechtslehre vertritt. An Hand der Auswirkungen einer Handlung im sozialen Raum wird die Bewertung vorgenommen, wobei davon ausgegangen wird, daß der soziale Raum durch eine Pflichtenordnung, d.h. die verschiedenen Rollenstellungen ausgefüllt ist. »Unrecht ist der Vorwurf gegen den Menschen als Sozialperson (man als), Schuld der gegen den Menschen als Individualperson (du selbst)«[120]). Der Unterschied zu der reinen objektiven Lehre findet sich also nicht in der Anerkennung subjektiver Einstellungen des Täters zur Tat auch im Unrechtsurteil, sondern lediglich in der Neubegründung eines objektiven Maßstabes. Maßstab soll nämlich nunmehr nicht schlicht die objektive Rechtsordnung sein, sondern die soziale Rollenstellung. Kann vom Täter gesagt werden, er habe nicht so gehandelt, wie man es von einem Arzt, einem Vater, einem Gastwirt, einem Autofahrer usw. erwartet, so ist das Rechtswidrigkeitsurteil gefällt. Das Sollen ist hier bereits durch ein Können eingeschränkt, doch wird auch dieses Können nicht individuell, sondern abstrakt bestimmt. Der Unrechtsbegriff Maihofers kann somit als sozial-objektiv angesprochen werden. Damit ist aber – auch wenn man die These, daß der Wertmaßstab die Rollenstellung ist, übernimmt – die Lehre Maihofers den gleichen Einwänden ausgesetzt wie die streng objektive Theorie. Eine eingehende Kritik erübrigt sich daher unter den dortigen Gesichtspunkten[121]).

---

116) Maihofer: »Unrechtsvorwurf« a.a.O.

117) Maihofer: »Recht und Sein« a.a.O. S. 123

118) Maihofer: »Unrechtsvorwurf« a.a.O. S. 164

119) ebenda a.a.O. S. 164

120) ebenda a.a.O. S. 159

121) Vgl. oben S. 34–37; sowie Krauß a.a.O. S. 53–64, der nach eingehender Untersuchung gleichfalls zu dem Ergebnis kommt, daß die objektive Grundlage als Ausgangspunkt des Unrechtsurteils weder unter Gesichtspunkten der Logik noch der Sachlogik, noch wenigstens unter denen der Zweckmäßigkeit sinnvoll, viel weniger zwingend sei.

Aber auch von dem betont sozialen Ausgangspunkt der Lehre her sind Bedenken geltend zu machen:

Gewiß ist Maihofer zuzugeben, daß er mit der Herausstellung der sozialen Rollenstellung als Maßstab des Unrechtsurteils die objektive Seite des Unrechts weit schärfer umrissen hat, als es die streng objektive Lehre vermag. Die unrechtmäßige Handlung kann damit als pflichtwidriges Verhalten bestimmt werden. Insoweit wird man Maihofer Zustimmung nicht versagen können. Es überzeugt durchaus, daß etwa ein Arzt, der an dem dem sicheren Tode geweihten Patienten mit dessen Einwilligung eine höchst riskante Operation lege artis vornimmt, die leider zum Tode des Patienten führt, gar kein Tötungsunrecht verwirklicht, obwohl er den Tod des Patienten verursacht hat, weil er nämlich wie ein ordentlicher Arzt gehandelt hat.

Aber so einfach liegt leider nicht die Problematik aller Tatbestände, gerade wenn man die sinnvolle Wertung eines Verhaltens innerhalb des sozialen Raumes in den Mittelpunkt der Überlegungen stellt.

Gehen wir davon aus, daß gerade das Recht und seine Ansinnen ihre Verbindlichkeit durch das Rechtswerterlebnis in der Sozietät erhalten[122]), so ist es nur ein logischer Schluß, die Unrechtsverwirklichung in einem Unwerterlebnis zu erkennen. Bei einer solchen Betrachtungsweise steht aber die kausale Rechtsgutverletzung nicht mehr im Mittelpunkt, sondern sie vermag höchstens noch Anknüpfungspunkt zu sein. Gerade für eine wertende Rechtsgemeinschaft stellt der Mord ein erheblich schwereres Unwerterlebnis dar als ein Totschlag. Unabhängig von jedem Vorwurf gegen den Täter wird die Sozietät weit tiefer betroffen dadurch, daß jemand ein anderes Leben vernichtet hat, um sich etwa an 2,– DM zu bereichern oder sich an dem Todeskampf des Opfers sexuell zu erregen, als wenn jemand getötet worden ist, weil der Täter grob fahrlässig eine Notwehrsituation angenommen hat. Gerade der soziale Bedeutungsgehalt der Taten ist grundverschieden[123]). Das Unwerterlebnis ist ein ganz anderes, nicht nur und ausschließlich die Einstellung der Rechtsgemeinschaft zur Person des Täters. Gleiches gilt für alle Tatbestände, in denen der Gesetzgeber die Strafbarkeit an bestimmte subjektive Tateinstellungen geknüpft hat, wie z.B. in § 170a StGB – böswillig –, 170c und d StGB – gewissenlos –. Keinesfalls ist der Unrechtsgehalt der gleiche, unabhängig davon, ob der Täter die geforderte Einstellung hat oder nicht. Die Rechtsordnung knüpft vielmehr den Strafanspruch erst an eine in bestimmtem Maße sozial unerträgliche Handlungsweise, und zwar unerträglich auf Grund der inneren Haltung des Täters gegenüber der Rechtsgemeinschaft[124]). Dieser Seite des sozialen Bedeutungsgehaltes wird aber die sozial-objektive Unrechtslehre Maihofers nicht gerecht. Ihr Vorzug

---

[122]) Vgl. dazu oben S. 23f.

[123]) Vgl. dazu auch Roxin: »Offene Tatbestände« S. 178

[124]) Allerdings – und insoweit ist H. Mayer, Lb a.a.O. S. 104, und Horn, a.a.O. S. 91, zuzustimmen – die Gesinnung allein ist nicht Gegenstand rechtlicher Würdigung. Nicht erforderlich ist aber, daß sich der Gesamtumfang der Gesinnung bereits äußerlich manifestiert hat. Es genügt vielmehr, daß ein bestimmtes Maß an verbrecherischer Aktivität zum Ausdruck gekommen ist.

liegt auf der Einengung der objektiven Seite des Unrechtsurteils, kommt aber über einen objektiven Standpunkt nicht hinaus.

d) Die personale Unrechtslehre

Ausgehend von einer scharfen Ablehnung jener Unrechtslehren, die das Rechtswidrigkeitsurteil an die bloße kausale Rechtsgutverletzung knüpfen, begründet Welzel seinen »personalen Unrechtsbegriff«. »Rechtswidrig ist die Handlung nur als Werk eines bestimmten Täters ... Unrecht ist täterbezogenes ›personales‹ Handlungsunrecht.«[125]) Damit kann Welzel eine Verhaltensweise umfassend gemäß ihrem sozialen Bedeutungsgehalt würdigen. Welche Absichten ein bestimmtes objektives Verhalten bestimmen, welche Einstellung des Täters zu dem verletzten Rechtsgut und welche konkrete Pflichtenstellung ihm oblag, kann berücksichtigt werden. Die individuelle Willensrichtung wird auch zur Feststellung des Unrechtsurteils herangezogen.

Welzels Unrechtslehre ist insoweit objektiv-personal, als sie den Pflichtbegriff, d.h. das System sozialer Rollenstellungen in den Mittelpunkt rückt, personal-sozial, als sie den sozialen Bedeutungsgehalt nicht allein von der Außenwirkung einer Handlung her bestimmt. Daß daher Vorsatz und Fahrlässigkeit bereits konstitutiv für das Unrecht sind, bedarf danach keiner weiteren Darlegung.

Die Lehre Welzels ist wiederholt angegriffen worden. Als Hauptargument gegen den personalen Unrechtsbegriff wird vorgebracht, der subjektiv-finale Handlungsbegriff werde auf der Unrechtsebene aufgehoben, obwohl der Unrechtsbegriff gerade an diesen anknüpfe[126]). In der Tat ist hier ein Widerspruch offenbar. Welzel selbst leitet seine Unrechtslehre mit den Worten ein: »Die finale Struktur des menschlichen Handelns ist für die strafrechtlichen Normen schlechthin konstitutiv.«[127]) Geht man sodann einen Schritt weiter und sieht mit Welzel die Handlung als Bewertungsgegenstand an, der jedoch als solcher in der Möglichkeit der Normierung beschränkt ist durch die ontologische Struktur der Handlung, die ihrerseits jeder Regelung und Bewertung vorgegeben ist[128]), so scheint der Weg der Anknüpfung des Rechtswidrigkeitsurteils an soziale Beziehungs- und Bedeutungsgehalte verschlossen.

Nichtsdestoweniger ist dieses Argument kaum geeignet, die Richtigkeit der personalen Unrechtslehre in Zweifel zu ziehen. Daß Welzel selbst nicht immer von einem ontologisch vorgegebenen Handlungsbegriff ausgegangen ist, sondern zunächst auch in den Mittelpunkt seiner Handlungslehre soziale Bedeutungs- und Beziehungsgehalte stellte, hat Roxin erst kürzlich

---

[125]) Lb a.a.O. S. 56, »Neues Bild« a.a.O. S. 29–30
Einen guten dogmatischen Überblick zur Entwicklung des personalen Unrechtsbegriffs gibt Lampe a.a.O.

[126]) So Maihofer: »Unrechtsvorwurf« a.a.O. S. 146–147; Krauß a.a.O. S. 67

[127]) Lb a.a.O. S. 32

[128]) Vgl. »Naturrecht« a.a.O. 3. Aufl. S. 197

nachgewiesen[129]). Dieser Antagonismus bereits im Ansatz der finalen Handlungslehre ist nicht zu übersehen. Wenn aber der ontologische Handlungsbegriff nichts für ein strafrechtliches System hergibt[130]), so ist damit noch nichts gegen die personale Unrechtslehre gesagt, sondern allein gegen die Ansicht Welzels, auf den Handlungsbegriff lasse sich eine Strafrechtsdogmatik gründen[131]).

Auch der zweite Einwand, der Täter unserer Straftatbestände sei nicht der Mensch in seiner psychologischen Innerlichkeit der Subjektivität als individuelles Wesen, sondern der Mensch in der soziologischen Äußerlichkeit seiner Objektivität als soziales Wesen[132]), trifft die personale Unrechtslehre nicht. Es handelt sich hier lediglich um eine Behauptung der Anhänger objektiver Lehren, für die diese den Beweis schuldig bleiben. Daß nämlich das strafbare Unrecht sich nicht in kausaler Rechtsgüterverletzung erschöpft, sondern auch durch Vorstellung und Gesinnung des Täters mitbestimmt wird, ist bereits oben dargelegt worden[133]). Allerdings, und darauf wird noch einzugehen sein, sind die subjektiven Gegebenheiten auch für die Schuldfrage bedeutsam, wie z.B. Vorsatz und Fahrlässigkeit sowohl für die Bestimmung des Unrechts als auch des Schuldgehaltes heranzuziehen sind.

Weiter kann auch die Behauptung, die Betonung des Aktunwertes, zu der die personale Unrechtslehre gelange, übersehe die Trennung von Unrecht und Schuld[134]), nicht überzeugen. Nirgends ist bisher zwingend nachgewiesen worden, daß etwas, was im Rahmen des Unrechts berücksichtigt worden ist, nicht auch für die Schuld maßgebend sein darf. Gewiß, Schuld als Schuld kann nicht Unrecht sein[135]). Warum aber soll die Schuldäußerung nicht auch den Unrechts-, d.h. den Unwertgehalt mitbestimmen? Schuld und Unrecht können sich wechselseitig beeinflussen, wobei die Betrachtung der Verhaltensweise unter dem Gesichtspunkt des Unrechtsvorwurfs keinesfalls mit der gleich zu sein braucht, die den Schuldvorwurf bestimmt. So bleiben auch in einer personalen Unrechtslehre Schuld und Unrecht getrennt. Nur Schuld- und Unrechtsäußerung sind der gleiche Gegenstand.

Neben der Sache liegt schließlich das Argument Würtenbergers[136]), die personale Unrechtslehre übersehe das Gebot der Rechtssicherheit und das der Achtung der Menschenwürde.

Der Rechtssicherheit würde der personale Unrechtsbegriff nur dann widersprechen, wenn allein eine objektive Bewertung innerhalb der Sozie-

---

[129]) Vgl. Roxin: a.a.O. ZStW 74/515 ff. insbes. S. 532f.

[130]) Dazu Roxin a.a.O. ZStW 74/515–531

[131]) Wenn Krauß a.a.O. S. 71 meint, die personale Unrechtslehre bleibe auf die Frage, unter welchen Gesichtspunkten solche Elemente ins Unrecht gehören, die mit der Struktur der Handlung nichts zu tun haben, die Antwort schuldig, so kann nur mit einer Gegenfrage geantwortet werden: Warum soll der Unrechtsbegriff diese Antwort eigentlich geben?

[132]) Vgl. Maihofer: »Unrechtsvorwurf« a.a.O. S. 147

[133]) Vgl. unten S. 23 ff.

[134]) Vgl. Krauß a.a.O. S. 73

[135]) So Hardwig a.a.O. ZStW 68/31

[136]) a.a.O. S. 47–67, insbes. S. 66

tät eindeutig über Rechtmäßigkeit bzw. Rechtswidrigkeit einer Verhaltensweise Auskunft geben könnte. Das ist aber, wie schon gezeigt wurde, nicht der Fall. Im Gegenteil, die streng objektive Betrachtungsweise verletzt das Gebot der Rechtssicherheit. Wenn z.B. ein Ehemann Familienhabe veräußert und damit den anderen Ehegatten in die mißliche Lage bringt, teure Möbel neu anzuschaffen, hat er dann objektiv den Unrechtsgehalt des § 170a StGB verwirklicht? Wie, wenn der Mann das Geld zur Sparkasse gebracht hat, einmal, weil er glaubte, Möbel würden sehr billig und er könne so ein kleines Vermögen für Weib und Kind heimlich zurücklegen, ein andermal, weil er das Geld bei Gelegenheit vertrinken will. Soll vielleicht über die Strafbarkeit nach einem Ablauf von Monaten geurteilt werden, wenn nämlich endgültig klar wird, was mit dem Geld geschieht?

Gleichfalls ist nicht zu erkennen, warum gar die Achtung der Menschenwürde durch die personale Unrechtslehre in Frage gestellt sein soll. Zwar könnte man diese Ansicht vertreten, wenn die personale Unrechtslehre allein und ausschließlich die Gesinnung bestrafen würde. Gerade das ist aber nicht der Fall. Daß es aber eine Mißachtung der Menschenwürde sei, denjenigen wegen Mordversuchs zu bestrafen, der einen anderen aus Habgier erschlagen will, durch das Dazwischentreten Dritter aber gehindert wird, als er das Opfer gerade erst körperlich verletzt hat, vermag ich beim besten Willen nicht einzusehen. Objektiv liegt allerdings erst eine Körperverletzung vor. Glücklicherweise tauchen im Rechtsleben in diesem Falle keine Zweifel auf, wie der Täter zu bestrafen ist[137]).

Die Gründe, die zu einem Festhalten an einer objektiven Theorie sprechen, liegen m.E. erheblich tiefer: Die Vertreter konsequent objektiver Theorien gehen grundsätzlich von einer gesellschaftlich ausgerichteten Sozialstruktur aus[138]). In einer solchen Sozietät werden die einzelnen Mitglieder innerlich isoliert gedacht. Jeder Kontakt, jede Verbindung ist zweckbestimmt, und nur die Einsicht, daß die Friedenszeit für alle die sicherste ist, gewährleistet den Frieden. Von einer solchen sozialen Einstellung her ist es in der Tat folgerichtig, das rechtliche Unwerturteil an die kausale Rechtsgüterverletzung zu knüpfen. Selbst wenn man, was dieser Sozialstruktur fremd, ein bestimmtes Maß an sittlichen Werten anerkennt, kann das Recht immer noch nicht mit einer rein objektiven Bewertung auskommen. Diese Sozialstruktur entspricht aber nicht der geistigen Situation unserer Zeit. Sie paßt allein in einen extremen Liberalismus. Gerade dort, wo ungeheure Menschenmassen miteinander auskommen müssen, auf einander angewiesen sind und ihr Zusammenleben der Sicherheit und gegenseitigen Verläßlichkeit bedarf, ist eine einseitig gesellschaftlich ausgerichtete Sozialstruktur unzeitgemäß. Wo die einzelnen nicht mehr räumlich

---

137) Zur Kritik an Würtenberger vgl. auch Roxin »Offene Tatbestände« S. 183 und Hardwig MSchrKrim 1961/194ff.

138) »Gesellschaft« ist hier als Gegensatz zu »Gemeinschaft« gedacht. Diese Unterscheidung ist soziologisch von Tönnies a.a.O. begründet und von Tesar a.a.O. im Rechtskreis näher behandelt worden. Die Bedeutung der Sozialstrukturen für das Strafrecht hat Hardwig, »Materieller Gehalt« a.a.O. eingehend untersucht und gewürdigt.

und geistig isoliert voneinander leben, kann sich die Rechtsordnung nicht mehr damit begnügen, allein an die kausale Rechtsgutverletzung ein Unwerturteil zu knüpfen. Täte sie das, so käme ihr im wesentlichen gerade noch die Funktion einer Feuerwehr zu. Dort, wo einer auf den anderen angewiesen ist, muß auch ein gewisses Maß innerer Verbundenheit gegeben sein. Dazu aber bedarf es des gemeinsamen Werterlebnisses[139]), sowie der Sicherung und Vorzeichnung gegenseitigen Verhaltens schon erheblich vor der Rechtsgutverletzung.

In einer reinen Gemeinschaft z.B. wäre es keineswegs verfehlt, schon an die gemeinschaftswidrige Gesinnung Rechtsfolgen zu knüpfen. Doch kann das dahinstehen. Unsere Sozietät ist zweifellos weder allein gemeinschaftlich noch extrem gesellschaftlich strukturiert. Wir leben vielmehr in einer Mischform, die m.E. – bedingt durch die Kriegszeit und die Nachkriegsjahre, wo jeder für den anderen einstehen mußte, wollte er selbst überleben – weit mehr gemeinschaftlich als gesellschaftlich ausgerichtet ist[140]). Diese gemeinschaftliche Ausrichtung zeigt das Strafrecht, wenn es sein Unwerturteil nicht allein an ein mehrdeutiges objektives Geschehen knüpft, sondern die subjektive Absicht des Täters in erheblichem Maße mitberücksichtigt[141]).

e) Die normativ-personale Unrechtslehre

Einen der personalen Unrechtslehre Welzels in den Grundzügen sehr nahestehenden Unrechtsbegriff hat Brauneck entwickelt[142]). Sie will, wie die personale Unrechtslehre, alles Normative dem Unrecht zuweisen. Sollen und Können werden als Kriterien der Trennung von Rechtswidrigkeit und Schuld genannt. »Was das Recht inhaltlich verwirft und verbietet – das Unrecht –, wird dem Täter als Verbrechen (= Schuld) vorgeworfen, wenn – persönliche Zurechnung – seine innere Steuerung formal in Takt war, er sich also zu anderem Verhalten hätte bestimmen können.«[143])

Soweit Brauneck mit der Formulierung »alles Normative« objektive Pflichtwidrigkeit, subjektive Zweckrichtung und Tateinstellung meint, steht sie auf dem Boden der personalen Unrechtslehre[144]). Die Tragfähigkeit der Begriffe Sollen und Können als Zuweisungsfelder für Rechtswidrigkeit und Schuld erscheint mir allerdings zweifelhaft. Zwar soll nicht bestritten werden, daß die Rechtswidrigkeit mit dem Sollen, die Schuld mit dem Können zu tun hat[145]), doch stehen die beiden Begriffe nicht isoliert nebenein-

---

[139]) Vgl. Hardwig ZStW 68/17–18

[140]) Im einzelnen kann die Problematik hier nicht ausgebreitet werden; vgl. aber Hardwig: »Materieller Gehalt« a.a.O. S. 75ff., 85ff., 100ff.

[141]) Vgl. Hardwig MschKrim 1961/195ff.

[142]) Vgl. a.a.O. GA 1959/261ff.

[143]) Brauneck a.a.O. GA 1959/272

[144]) Dies wird allerdings nicht ganz klar; vgl. GA 1959/266: dort entsteht der Eindruck, als wolle Brauneck als subjektive Elemente nur Vorsatz und Fahrlässigkeit zum Gegenstand des Unrechtsurteils machen.

[145]) Vgl. dazu Brauneck a.a.O. GA 1959/261

ander. Insoweit nämlich ist Maihofer zuzustimmen[146]), daß das Sollen am Können grundsätzlich seine Grenzen findet, und zwar wird das Sollen durch die Festlegung sozialer Rollenstellungen bereits abstrakt durch ein Können eingegrenzt. In diesem Rahmen gehören daher Sollen und Können zugleich zum Inhalt des Rechtswidrigkeitsurteils.

Erkennt man allerdings diese Beziehung zwischen Sollen und Können an, so sind daraus bestimmte Folgerungen für das Gebiet der Schuld zu ziehen. Insoweit bedürften dann die Ausführungen Braunecks zu den einzelnen Entschuldigungsgründen einer Korrektur. Geht man nämlich von der – m. E. unrichtigen – Ansicht aus, die §§ 52, 54 StGB seien auf der unwiderleglichen Vermutung einer Paniksituation aufgebaut, sie hätten einen funktionsuntüchtigen Täter im Auge, »der nicht anders könne«[147]), so muß man §§ 52, 54 als Rechtfertigungsgründe sehen. Geht man aber davon aus, die Rechtsgemeinschaft erwarte zwar ein anderes Verhalten, bestrafe den Täter aber nicht, weil sie sich darüber klar ist, daß der Täter so gehandelt hat, wie ein durchschnittlicher Rechtsgenosse in dieser Situation handeln würde, so sind §§ 52, 54 nicht Entschuldigungsgründe, sondern lediglich Verbote, eventuell bestehende Schuld vorzuwerfen[148]).

3. Der eigene Standpunkt

In der Auseinandersetzung mit den verschiedenen Meinungen hat sich gezeigt, daß eine streng oder vorwiegend objektive Unrechtslehre nicht geeignet erscheint, den Unwertgehalt eines bestimmten Verhaltens erschöpfend zu umreißen. Das Unwerterlebnis der Rechtsgemeinschaft knüpft nicht allein an kausale Rechtsgüterverletzungen an.

Dem Anliegen der Rechtsordnung gemäß erscheint hingegen ein personaler Unrechtsbegriff. Ihn gilt es näher zu modifizieren: Die Rechtsordnung als Wertordnung kommt ihrer Ordnungs-, Vorzeichnungs- und Sicherungsfunktion nach, indem sie eine Pflichtenordnung begründet[149]). Objektiver Wertungsmaßstab ist danach die Pflichtverletzung, d.h. die Verfehlung sozialen Sollens. Sie ist festzustellen, indem gefragt wird, ob der Täter in seinem Alssein hinter den Forderungen der Rechtsgemeinschaft zurückgeblieben ist, ob man von ihm als Arzt, Kraftfahrer, Vater o.ä. ein anderes Verhalten erwartet hätte[150]). Diese Pflichtenstellung des einzelnen ist unabhängig von seiner Zurechnungsfähigkeit. Auch ein Geisteskranker kann Pflichten als Kaufmann, Vater usw. haben[151]).

---

[146]) Vgl. »Unrechtsvorwurf« S. 157

[147]) So aber Brauneck a.a.O. GA 1959/269ff.

[148]) Vgl. hierzu S. 35f.

[149]) Auf den einstmals sehr erbittert geführten Streit, ob die Rechtsordnung Rechte begründe und die Pflichten gleichsam nur nebenbei entstünden, braucht nicht eingegangen zu werden. M.E. handelt es sich hier um Begriffe, die einander entsprechen: Ein Recht wird nur bedeutsam, soweit andere die Pflicht haben, es zu achten, eine Pflicht nur aktuell, wo ihr ein Recht entspricht.

[150]) Insoweit liegt hier eine volle Übereinstimmung mit Maihofer vor; vgl. aber auch Schaffstein, »Pflichtverletzung« a.a.O. S. 16f.

[151]) Vgl. Hardwig a.a.O. ZStW 68/21 Anm. 11a

In der Feststellung der objektiv-sozialen Unwertigkeit erschöpft sich aber das Unrechtsurteil nicht. Die reine kausale Pflichtverletzung ist nicht maßgeblich, sondern die Pflichtverletzung muß auf der subjektiven Seite willkürlich sein, d.h. als Werk eines menschlichen Willens erscheinen. Ein vom menschlichen Willen unabhängiges Ereignis kann niemals Unrecht sein[152]). Soweit nämlich überhaupt noch ein Wille vorhanden ist, kann die Rechtsordnung verlangen, daß das Verhalten seines Trägers an ihr ausgerichtet wird. Auch wenn der Betroffene Recht und Unrecht nicht voneinander trennen kann, so soll immer noch sein Nachahmungsvermögen angesprochen werden. Deshalb schließt die Zurechnungsunfähigkeit keinesfalls den personalen Unrechtsgehalt aus, wohl aber die Schuld[153]). Die nähere Ausgestaltung dieser Willensrichtung – Fahrlässigkeit und Vorsatz – bestimmt sodann Qualität und Quantität sowohl des Unrechts als auch der Schuld. Die bewußte Verwirklichung aller unrechtsbegründenden Faktoren macht den erhöhten Unrechts- und Schuldvorwurf gegenüber dem Vorsatztäter aus. Diese Willensrichtung gibt dem objektiven Geschehen das eigentliche, unterschiedliche Gepräge im Verhältnis zur Fahrlässigkeitstat[154]).

Aber auch damit ist der Gegenstand des Unrechtsurteils noch nicht vollständig umrissen[155]). Indem der Gesetzgeber in die gesetzlichen Tatbestände subjektive Merkmale einbezog, brachte er zum Ausdruck, daß er in bestimmten Fällen ein Verhalten entweder schon oder aber erst auf Grund subjektiver Einstellungen des Täters für derart unwertig erachte, daß er daran Rechtsfolgen knüpfte. Erst die Berücksichtigung aller im gesetzlichen Tatbestand aufgeführten subjektiven und objektiven Merkmale charakterisiert den Sinngehalt, an dessen Verwirklichung der Gesetzgeber sein Unwerturteil knüpft. Sie insgesamt bilden daher den Gegenstand des Unrechtsurteils[156]).

III. Der personale Unrechtsbegriff als Grundlage der Untersuchung

1. Inhaltliche Abgrenzung

Gemäß der hier gefundenen Inhaltsbestimmung des Unrechtsbegriffes wird bei der Würdigung der verschiedenen Kollisionslagen stets zu fragen sein, ob unter Berücksichtigung von Pflichtenstellung, Zielsetzung und Täterein-

---

[152]) Vgl. H. Mayer Lb a.a.O. S. 105; Hardwig a.a.O. ZStW 68/31, insbes. auch MSchrKrim 1961/195–196

[153]) Das macht besonders deutlich, daß hier keineswegs Schuld und Unrecht willkürlich identifiziert werden. Vgl. im übrigen auch Hardwig a.a.O. ZStW 68/31
Zur Frage der »imperativwidrigen« Handlungen Unzurechnungsfähiger vgl. den Überblick über den Meinungsstand bei Engisch »Unrechtstatbestand« a.a.O. S. 415

[154]) Vgl. Roxin a.a.O. ZStW 74/556ff.; Hardwig MSchrKrim 1961/207

[155]) So aber Bindokat JZ 1958/558

[156]) Vgl. auch Schaffstein, Pflichtverletzung, a.a.O. S. 8f, 19ff.

stellung des Handelnden von der Sozietät eine andere Verhaltensweise von diesem gefordert wird. Bei der Ermittlung der Erwartungen und Ansinnen der Rechtsgemeinschaft, dem einzelnen gegenüber, sind die Wertentscheidungen der Sozietät, wie sie in der geltenden Rechts- und als verbindlich anerkannten Sittenordnung Gestalt gefunden haben, zugrunde zu legen. An diesen Wertentscheidungen soll nämlich die Verhaltensweise des einzelnen ausgerichtet sein. Ergibt dieser Bezug, daß die Rechtsgemeinschaft die Verhaltensweise mißbilligt, so ist das Rechtswidrigkeitsurteil gefällt.

Zu beachten ist, daß die Bezeichnung »personaler Unrechtsbegriff« doppeldeutig ist. Sie kennzeichnet zum einen, daß wesentlich die Verletzung der personalen Beziehungen der einzelnen Rechtssubjekte zueinander innerhalb der Rechtsgemeinschaft ist, zum anderen aber, daß subjektiv persönliche Gegebenheiten des Handelnden mitgewertet werden.

2. Dogmatische Abgrenzung

a) Unrecht und Schuld

Mit dem Ausspruch des Rechtswidrigkeitsurteils ist über die Strafbarkeit des Täters noch nichts gesagt, da die Schuldfrage noch nicht behandelt worden ist. Die Schuld kann, wie im Falle der Zurechnungsunfähigkeit, entfallen[157]). Die Rechtsgemeinschaft kann aber auch ihren Willen dahingehend zum Ausdruck bringen, daß sie trotz eines andersartigen Ansinnens dem Täter keinen Vorwurf aus seinem Verhalten macht, ihm daher etwa bestehende Schuld nicht vorwirft, wie im Falle der §§ 52, 54 StGB[158]),[159]),[160]). Die Trennung von Unrecht und Schuld ist daher keineswegs aufgehoben oder gar zu Gunsten einer mehr gefühlsmäßigen, denn rechtlichen Betrachtungsweise willkürlich verwischt worden. Die Wertung und Bedeutung bisher nur einseitig verwandter Gesichtspunkte ist hier vielmehr dahingehend aktiviert, daß der Sinngehalt einer Verhaltensweise nicht jeweils zerstückelt und isoliert erforscht wird, um letztlich zu einem Ganzen erneut zusammengefügt zu werden. Die in Frage stehenden Verhaltensweisen werden vielmehr unter verschiedenen Gesichtswinkeln gewürdigt: Einmal nämlich dahin, ob die Sozietät ein anderes Verhalten erwartet, zum anderen aber

---

[157]) Vgl. oben S. 33–34

[158]) Diese bereits oben angedeutete eigenwillig anmutende Folgerung ergibt sich m. E. zwingend, wenn man nicht davon ausgeht, daß jeder, der sich in einer Situation der §§ 52, 54 StGB befindet, nicht mehr Herr seiner Sinne ist, sondern davon, daß der Gesetzgeber von typischen Situationen ausging, in denen der einzelne zwar noch planmäßig handeln, der Normalmensch aber unter Einfluß seines Selbsterhaltungstriebes zu seiner Rettung nicht vor Handlungen zurückzuschrecken pflegt, die sonst strafbar sind; vgl. hierzu auch Henkel »Individualität« S. 69f.

[159]) Läge hier wirklich ein »Entschuldigungsgrund« vor, so wäre kaum verständlich, warum Angehörige bestimmter Berufe z. B. Feuerwehrleute nicht entschuldigt sein sollen.

[160]) Die Problematik kann hier nicht eingehender erörtert werden. Vgl. aber Flandrak a. a. O. S. 49ff. und Armin Kaufmann, »Unterlassungsdelikte« a. a. O. S. 153ff., sowie Schmidhäuser a. a. O. S. 178ff.

dahin, ob dei Sozietät nicht auch berücksichtigt, daß der Täter sich so verhalten hat wie der Durchschnitt der Rechtsgenossen in seiner Lage. Der Unterschied zwischen Unrechts- und Schuldvorwurf wird damit deutlich. Einmal will die Rechtsordnung die Rechtsunterworfenen zu einem bestimmten wertgemäßen Verhalten ausrichten, und zwar jeden, der einen menschlichen Willen zu bilden vermag. Zum anderen aber erkennt die Rechtsordnung an, daß in bestimmten Lagen bzw. Situationen ihr Pflichtansinnen von dem »durchschnittlich realisierbaren Pflichtansinnen«[161]) abweicht. So kann die Rechtsordnung an eine Verhaltensweise das Rechtswidrigkeitsurteil knüpfen, ohne damit aber einen Strafanspruch verwirklichen zu müssen. Hier gehen Erziehungs- und Durchsetzungsfunktion auseinander. Daher ist aber auch der Unterschied zwischen Unrechts- und Schuldvorwurf beachtlich und wesentlich.

b) *Tatbestand und Unrecht*

Ein sog. wertfreier Tatbestand ist nach der hier entwickelten Unrechtslehre abzulehnen. Gerade der Tatbestand enthält jene Elemente, die Gegenstand des Unrechtsurteils sind. Der Tatbestand ist vertyptes Unrecht, z. B. Diebstahls-, Tötungs- oder Beleidigungsunrecht unter der Voraussetzung, daß die Handlung Unrecht ist. Von diesem Ausgangspunkt her sind zwei verschiedene Wege möglich:

Sieht man nunmehr in der Tatbestandserfüllung die »ratio essendi für die Zugehörigkeit der Tat zum Unrechtstypus, dagegen nur ratio cognoscendi für deren Rechtswidrigkeit im konkreten Fall«[162]), so kann es bei der grundsätzlichen Dreigliederung der Verbrechenslehre verbleiben.

Geht man weiter und sieht den Tatbestand erst als erfüllt an, wenn feststeht, daß der Täter Unrecht verwirklicht hat, d. h. betrachtet man den Tatbestand als ratio essendi des Unrechts, so erstreckt sich seine Würdigung auf alle unrechtsbestimmenden Merkmale positiver und negativer Art. Die notwendige Folgerung ist dann der sog. Gesamttatbestand. Sein Vorzug als Grundlage ist augenfällig: Alle Handlungen, die ihm unterfallen, zeichnen sich durch ein gemeinsames Grundelement aus: Sie werden vom Gesetzgeber mißbilligt, weil sie sozialschädlich, d. h. materiell Unrecht sind[163]),[164]).

c) *Begriffliches*

Die begrifflich so klar erscheinende Trennung vom »Objekt der Wertung« und der »Wertung des Objektes«, von objektiver Betrachtung gleich Rechts-

---

[161]) Vgl. Henkel »Individualität« S. 69

[162]) So Gallas a.a.O. ZStW 67/23 Anm. 53a

[163]) Vgl. Roxin »Offene Tatbestände« a.a.O. S. 176

[164]) Eine eingehende Darlegung der Vorzüge des Gesamttatbestandes würde zu weit von dem Thema der Untersuchung fortführen. Auch erscheint diese überflüssig, da hier auf die vorzügliche Darstellung von Roxin – »Offene Tatbestände« a.a.O. S. 174ff. – verwiesen werden kann.

widrigkeitsurteil und subjektiver Betrachtung gleich Schuldurteil, ist mit dem hier beschrittenen Weg aufgegeben. Dennoch erscheint mir das nicht als Mangel, sondern als Vorzug: Der Wunsch nach einem lückenlosen System liegt zwar jeder Wissenschaft zugrunde. Zuzugeben ist, daß dieser Wunsch sich am ehesten zu verwirklichen scheint, wenn in den Brennpunkten eines Systems nur die Alternative »entweder – oder« gegeben ist, d.h. nur zwei einander ausschließende Subsumtionsmöglichkeiten in Frage stehen und jeder dritte Weg als systemwidrig oder gar denkgesetzlich widersprüchlich abgetan werden kann. Dennoch ist ein derartiges System im Recht nur mit Hilfe von Fiktionen möglich. Das Recht, bezogen auf soziale Gegebenheiten, kann sich nicht an abstrakten Denkgesetzen ausrichten, sondern ist der Wirklichkeit des sozialen Lebens verbunden. Hier aber sind scharfe und stets eindeutig zu bestimmende Gegensätze nur in Ausnahmefällen denkbar. Die als kontradiktorisch hingestellten Gegensätze sind es nur teilweise. Unlösliche Einheiten lassen sich auch »nur« begrifflich nicht ohne Schaden zerlegen. Nicht feste Grenzen, sondern Zwischen- und Mischformen bestimmen die zu bewertenden Sinngehalte[165]).

Auch die Tatsache, daß die Rechtswidrigkeit, will man von einer rein formalen Bestimmung absehen, nicht subsumtionsgerecht in einem Begriff zu definieren ist, spricht nicht gegen die hier vertretene Ansicht. Anstelle der Definition muß nämlich die Beschreibung und exakte Abgrenzung treten, wobei die typischen Konstellationen scharf zu umreißen sind[166]). Die Berechtigung einer solchen Betrachtungsweise ergibt sich bereits daraus, daß das Recht die Funktion hat, das soziale Leben zu ordnen, und daß die komplexen Erscheinungen des sozialen Lebens nicht stets scharf voneinander getrennt werden können[167]). Allein durch eine solche Methodik kann es gelingen, den Begriff der Rechtswidrigkeit materiell so auszufüllen, daß er einerseits zur Beurteilung der wechselnden Lebenserscheinungen herangezogen werden kann, darüber hinaus aber bei neu auftretenden Situationen nicht grundsätzlich neugefaßt zu werden braucht, vielmehr seine Entwicklung nur weiterzuführen ist. Daneben gilt es dennoch, ein solches Maß an Bestimmtheit zu erreichen, daß Arbeitsfähigkeit und Rechtssicherheit gewahrt werden.

Die inhaltliche Ausfüllung des Begriffes der Rechtswidrigkeit muß es gestatten, »die in der Mannigfaltigkeit der Konstellationen typisch wiederkehrenden Grundformen einer generalisierenden Regelung zu unterwerfen, gleichzeitig aber auch die Möglichkeit einer gerechten Würdigung individueller Einzelheiten bieten, die sich der abstrakten Normierung entziehen«[168]). Die inhaltliche Ausfüllung des Begriffes der Rechtswidrigkeit kann daher nicht »im Vorwege« entwickelt werden. Erst die Auseinandersetzung mit der Fülle des Stoffes kann wesentliche Strukturelemente zu Tage fördern.

---

165) Vgl. Larenz: »Methodenlehre« S. 333 ff.
166) Vgl. Larenz: »Methodenlehre« S. 333 ff.; Roxin »Tatherrschaft« S. 123
167) Vgl. H. J. Wolff a.a.O. S. 199–200
168) Roxin: »Tatherrschaft« a.a.O. S. 123, sowie die eingehenden methodologischen Darlegungen S. 583 ff.

C. DIE PFLICHTENKOLLISION

Der Begriff der Pflicht ist umrissen. Der Raum der Klarstellung, Auslegung und Wertung des Pflichtansinnens wurde abgesteckt. Die Fülle der Möglichkeiten scheinbarer Konfliktfälle, die hier untersucht und beurteilt werden sollen, ist nunmehr klarzustellen.

Gegenstand der Untersuchung kann nämlich nicht jeder Fall eines möglichen Pflichtenkonfliktes sein.

Zahlreich mögen die denkbaren Fälle sein, in denen innerhalb der Rechtsgemeinschaft nicht eindeutig zu entscheiden ist, wie sich der einzelne in einer bestimmten Sozialstellung verhalten soll, wenn sich an ihn verschiedene Ansinnen richten, die nicht eindeutig in einem Rangverhältnis zueinander stehen. All diesen Problemlagen nachzugehen, hieße eine Darstellung der Wertungsproblematik innerhalb der geltenden Rechtsordnung zu verfassen. Unüberschaubar würde sich die Fülle des Materials darbieten. Der grundsätzliche Weg der Lösung scheinbarer Pflichtenkollisionen würde verdeckt oder doch nebensächlich erscheinen. Sinnvoll kann es demgemäß nur sein zu zeigen, wie und wo Konfliktsituationen entstehen, mit denen sich das Recht befassen muß, und wie derartige Situationen strukturiert sind. Das nämlich ist nötig und wesentlich, um eine Methodik ihrer Klärung, Auslegung und Wertung zu geben.

1. Der Pflichtenkreiskonflikt

Zunächst ist eine Kollision der Pflichten verschiedener Kreise denkbar, zu denen das Recht Stellung nehmen muß.

Grundsätzlich gilt, daß die Pflichten innerhalb eines jeden Kreises den Anspruch auf ausschließliche Befolgung in sich tragen. So gesehen können zwar Kollisionen dann auftreten, wenn die Pflicht eines Kreises ein bestimmtes Verhalten fordert, das sich auch in einem der anderen Pflichtenkreise auswirkt. Die Problematik erschöpft sich dann aber in der Frage der Durchsetzbarkeit einer Pflicht, d.h. der Effektivität eines bestimmten Pflichtansinnens. Die Kollision mag eine tragische Situation begründen, die rechtliche Stellungnahme ist aber aus dem Ausschließlichkeitsanspruch heraus selbstverständlich.

Der Erhellung der Situation diene das wohl bekannteste Beispiel einer Pflichtenkollision: Der Konflikt der Antigone bei Sophokles. Das menschliche Recht der Polis verbietet Antigone, ihren Bruder Polyneikes zu bestatten. Die Pflicht der Pietät, aus göttlicher Satzung überkommen, gebietet ihr die Bestattung[169]). Sieht man hier das Problem im Widerstreit zweier isolierter Normensysteme, so mag die tragische Situation der Antigone anerkannt werden. Das Recht (der Polis) muß ihre Handlung negativ

[169]) Anders interpretiert Erik Wolf a.a.O. S. 255 den Konflikt: Er sieht die Tragik in einer zweifachen göttlichen Weisung. Als Widerstreit isolierter Normensysteme hingegen deutet Nagler die Situation: GS 94/48

bewerten. Erkennt man dagegen die Verbindlichkeit des göttlichen Gebotes als Rechtsgebot für die Sozietät an, so stoßen wir auf das Problem des unsittlichen Gesetzes. Danach ist Antigone das Opfer eines Willkürgesetzes geworden. Ähnlich ist der Ausgangspunkt, wenn wir zwischen dem Recht der Polis und der göttlichen Weisung eine Rangstufe anerkennen. Dann handelte Antigone dem höheren Recht gemäß, sie wurde das Opfer verbrecherischer Handlung. Eine eigentlich rechtliche Problematik ist nicht zu erkennen.

Vergleichbar lösen sich die Konflikte zwischen Pflichten der individuellen und der sozialen, insbesondere der rechtlichen Pflichtenordnung. Das Recht erkennt Pflichten des Individuums gegen sich selbst weder an, noch gibt das Recht ihrer Achtung Raum[170]). Folgt jemand nun einer Pflicht des individuellen Kreises – unterstellt, derartige Pflichten gibt es überhaupt – und verletzt er dabei eine Rechtspflicht, so kann sein Verhalten von der Rechtsordnung weder anerkannt noch geduldet werden. Es ist, was auch immer im einzelnen Inhalt des Rechtswidrigkeitsurteils sein mag, rechtswidrig, nämlich von der Rechtsordnung mißbilligt. Wer etwa im Kriege Fahnenflucht begeht, weil er eine Pflicht sich selbst gegenüber als verbindlich anerkennt, welche ihm gebietet, in jedem Fall das eigene Leben zu schützen, ist dem Gesetze gemäß zu bestrafen, ohne daß seiner inneren Haltung Beachtung zu schenken ist.

Auch hier wird derjenige, der eine Pflicht zu überleben in der Natur des Menschen begründet sieht – und das muß zwangsläufig derjenige tun, der in dem Menschen ein ens naturale sieht –, zu dem Ergebnis kommen, hier regele das Gesetz etwas dem Menschen nicht Gemäßes. Auch er wird sich als Opfer einer Willkürtat sehen. Nichtsdestoweniger ist die Haltung unserer Rechtsordnung eindeutig. Rechtliche Probleme können nicht bedeutsam werden, soweit man den Ausgangspunkt unserer Rechtsordnung, dem individuellen Pflichtenkreis keinen Raum zu geben, billigt.

Anders steht unsere Rechtsordnung zur Kollision eigener Pflichten mit denen des religiösen Pflichtenkreises. Es finden sich Kollisionsnormen, die zum Ausdruck bringen, wie weit die Rechtspflichtenordnung gegenüber religiösen Pflichten zurücktritt. Auch hier sind daher echte rechtlich relevante Kollisionen nicht möglich. Von höchster Problematik kann höchstens die Weite des vom Recht gesteckten und anerkannten Raumes für den religiösen Pflichtenkreis werden.

Maßgebliche Kollisionsnormen sind nicht die Vorschriften des StGB in den §§ 166 bis 168, 367 Ziff. 1, da dort das Pietätsempfinden geschützt wird[171]). Es soll das mit den sozialen Normen durchaus im Einklang stehende Verhalten einzelner nicht willkürlich und böswillig mißachtet und herabgewürdigt werden. Echte Kollisionsnormen finden sich aber im Grundgesetz, z.B. Art. 3 Abs. 3, 4, 7 Abs. 2, 140 i.V.m. Art. 136 bis 139, 141 WRV. Wo das Recht der Befolgung von Pflichten des religiösen Kreises Raum

---

170) Vgl. S. 7 insbes. Anm. 9, im übrigen auch Drath a.a.O. S. 27

171) Maurach, B.T a.a.O. S. 344f.

gibt, billigt es die Verhaltensweise des einzelnen gemäß diesen Pflichten. Wo aber solcher Raum nicht gegeben ist, fordert die Rechtsordnung erneut ausschließlichen und unbedingten Gehorsam. Dieser Anspruch ist positiv gesetzlich ausgesprochen in Art. 140 GG i.V.m. Art. 136 WRV. Wenn es dort nämlich heißt, daß die »bürgerlichen und staatsbürgerlichen Pflichten ... durch die Ausübung der Religionsfreiheit weder bedingt noch beschränkt« werden, so bedeutet dieses, daß das religiöse Bekenntnis von der Befolgung staatsbürgerlicher Pflichten weder befreien kann noch diese hindern darf.

Ein Blick in die Rechtsprechung zeigt, wie selbstverständlich in der Vielzahl der menschlich für die Betroffenen durchaus als tragisch empfundenen Konfliktsfälle die rechtliche Stellungnahme ist. So kann aus religiösen Gründen der Wehrdienst mit der Waffe verweigert werden, Art. 4 Abs. 3 GG, nicht aber die Leistung eines zivilen Ersatzdienstes[172]). Zuwiderhandlungen, mögen sie religiös dem Betroffenen noch so sehr geboten erscheinen, achtet die Rechtsordnung nicht, sondern begegnet ihnen mit dem Strafanspruch[173]). Gleich instruktiv ist eine weitere Entscheidung des Bundesverwaltungsgerichts[174]), in der festgestellt wird, daß das Recht, andere für seine religiöse Überzeugung zu gewinnen, seine Schranken am elterlichen Erziehungsrecht findet.

Leider ist solche Klarheit nur dort zu gewinnen, wo der Gesetzgeber eindeutig Stellung genommen hat, oder die Wertentscheidung der Rechtsordnung sonst fraglos ist. Wo dieser Bezug fehlt, beginnt das Gebiet der Wertung, Abwägung und Auslegung. Um das Problem beispielhaft zu umreißen, seien hier zwei Fälle mitgeteilt, die vielfach als Pflichtenkonflikt gedeutet werden:

a) A sieht, wie B seinem Leben ein Ende bereiten will. Weil er das menschliche Leben als von Gott gegeben achtet, empfindet er die Verpflichtung, die Tat des B zu verhindern. Gewaltsam reißt er den B zurück und schlägt ihn schließlich nieder, als B sich wehrt.
b) Der Arzt A wird zu einem Unfall gerufen. Er findet den B vor und stellt fest, daß diesen nur noch eine Bluttransfusion retten kann. B verweigert die Übertragung aus religiösen Gründen. A nimmt den Eingriff gewaltsam vor[175]).

In beiden Fällen stehen sich die Pflicht, die freie Willensentscheidung

---

[172]) Vgl. BVerfG NJW 1961/355 ff.; BVerwG NJW 1963/777

[173]) Vgl. OLG Stuttgart NJW 1963/776; Bestrafung eines Predigers der Zeugen Jehovas wegen Weigerung zur Leistung des Ersatzdienstes. Vgl. im übrigen Mangoldt-Klein a.a.O. Art. 4 Anm. III 5 S. 220

[174]) Vgl. BVerwG NJW 1963/1170ff.

[175]) Vgl. Bockelmann NJW 1961/950; Beling ZStW 44/236; Dürig in Maunz-Dürig Art. 2 II Rn 12 Anm. 3; Engisch ZStW 58/24; Erdsiek NJW 1959/809; Gallas »Pflichtenkollision« a.a.O. S. 326 Anm. 1; Arthur Kaufmann ZStW 73/368–369; Eb. Schmidt »Gutachten« S. 142–143; BGH NJW 1958/268

eines anderen zu achten, und die Pflicht, von Gott gegebenes Leben zu erhalten, gegenüber[176]).

Welche Lösung sich auch darbieten wird, hier sei festgehalten, daß auf Grund der Existenz einer *religiösen* Pflicht von einer *rechtlich unlösbaren* Pflichtenkollision nicht gesprochen werden kann[177]). Im Gegenteil, es kommt nicht einmal ein *rechtlich bedeutsamer* Pflichtenkonflikt in Betracht.

Mit der Anerkennung des freien Selbstbestimmungsrechts des Menschen über seinen Körper in Art. 2 GG hat das Grundgesetz unmißverständlich seinen Willen zum Ausdruck gebracht, dieses Recht zu schützen und seine Ausübung zu gewähren. Dem steht auch Art. 4 I und II GG nicht entgegen. Zwar könnte der durch Art. 140 GG in das GG aufgenommene Art. 136 I WeimRVerf nicht so verstanden werden, daß jede staatliche Rechtsnorm entgegenstehende religiöse Regeln beseitige. Aber jede Norm gleichen Ranges, d.h. eine solche mit Grundrechtscharakter, in der der Staat seine legitime Aufgabe wahrnimmt, den sozialen Bereich zu ordnen, kann Art. 4 GG einschränken. Als solche Begrenzung ist Art. 2 hier zu interpretieren.

Stehen sich Pflichten des sozialen und des religiösen Pflichtenkreises gegenüber, so lautet die Frage daher nicht, wie kann der Konflikt gelöst werden? Einen rechtlich relevanten Konflikt gibt es gar nicht. Die Feststellung, daß eine Pflicht aus einer Grundrechtsnorm (dasselbe gilt für ein derartiges Recht) mit einer religiösen Pflicht kollidiert, bedeutet bereits die Entscheidung.

Wenn damit noch keine klare Lösung der möglichen Streitfälle offen zutage liegt, so ist das auf einer ganz anderen Ebene begründet. Hinter dem Pflichtenkreiskonflikt kann sich nämlich noch ein Pflichtenauslegungskonflikt verbergen. Eine Einschränkung z.B. des Selbstbestimmungsrechts des Menschen über seinen Körper hat der Gesetzgeber in Art. 2 I durch die Bindung an das Sittengesetz bewirkt. Dieser Konflikt und seine Lösung ist dann aber unabhängig von der Existenz des religiösen Pflichtenkreises zu sehen. Es handelt sich allein um eine Problemlage, die im sozialen Pflichtenkreis bedeutsam wird und gelöst werden muß.

Einen rechtlich relevanten Pflichtenkreiskonflikt gibt es daher nicht. Im einzelnen mögen einmal Tragweite und Raum der Anerkennung religiöser Pflichten streitig sein. Die Abgrenzung kann auf Schwierigkeiten stoßen. Ist aber herausgestellt, daß Rechtspflicht und religiöse Pflicht kollidieren, so ist die Stellungnahme der Rechtsordnung fraglos.

---

[176]) Eine Berufung auf die »allgemeine Pflicht« der Nächstenliebe erscheint mir fragwürdig, da eine Pflicht zu lieben, ein Widerspruch in sich selbst ist. So erscheint die umfangreiche und unbedenkliche Verwendung des Pflichtbegriffs im religiösen Pflichtenkreis sehr angreifbar. Eigentlich nämlich hat in einer »Liebes-Religion« ein Pflichtbegriff keinen Raum. Dies kommt auch in der Moraltheologie manchmal zum Ausdruck – so bei Häring a.a.O. S. 827 –, wo die Pflicht zur Nächstenliebe damit begründet wird, daß diese Pflicht »ihren eigentlichen Antrieb in der Liebe Gottes zu uns und zum Nächsten« habe.

[177]) Insoweit ist Nagler LK 6. Aufl. a.a.O. Anm. V b zu § 54 S. 444 zuzustimmen, wenn er ausführt, bei dem Problem der Pflichtenkollision handele es sich niemals um eine Kollision einer Rechtspflicht mit einer religiösen Pflicht.

2. Pflichtenkollisionen im sozialen Kreis

Pflichtgebote im sozialen Kreis können, wie aufgezeigt, aus dreierlei Normen begründet werden: aus denen der Sittlichkeit, denen der Konvention und denen des Rechts. Auch hier wären demnach vom Standpunkt des Rechts drei verschiedene Kollisionsmöglichkeiten gegeben: Rechtspflichten könnten mit Pflichten der Sitte, solchen der Sittlichkeit und wiederum mit Rechtspflichten kollidieren. Die Haltung des Rechts zu den Normen der bloßen Sitte, der Konvention bedarf keiner weitausholenden Darlegung. Derartige Gebote leiten ihre Verbindlichkeit nur aus der Anerkennung derjenigen her, die sie befolgen. Mit jedem Anschauungswechsel ist ihre Änderung verbunden. Rechtsnormen erhalten ihre Verbindlichkeit aus der Vereinbarung und aus einem wirksamen Machtausspruch, verbunden mit dem Rechtswerterlebnis. Sie gehen daher stets und ohne Ausnahme den Normen der Konvention vor. Auch wenn das Recht gelegentlich den Normen der Konvention Anerkennung zollt, z. B. im Rahmen des Schutzes der öffentlichen Ordnung im Polizeirecht, so hält es gleichwohl stets seinen Ausschließlichkeitsanspruch aufrecht. Eine rechtlich bedeutsame Kollision von Pflichten des Rechts und solchen der Konvention scheidet demnach aus[178]).

Anders liegt die Problematik im Falle des Konflikts rechtlicher und sittlicher Pflichten.

Rechtlich unproblematisch ist jeder mögliche Konfliktsfall für diejenigen, die die Verbindlichkeit des Rechts – soweit dieses nicht allein technische Vorgänge regelt – gerade und allein aus der Übereinstimmung mit dem Sittengesetz ableiten, wobei unter dem Sittengesetz ethische Wertmaßstäbe von unbedingter Gewißheit, unveränderlichem Gehalt und evidenter Verbindlichkeit verstanden werden[179]).

Schon aus dieser Prämisse heraus müssen sie zu dem Ergebnis kommen, daß eine relevante Kollision nicht möglich ist. Die Rechtspflicht verliert in einem Kollisionsfall ihren Verbindlichkeitsanspruch: Die unsittliche Rechtspflicht bindet nicht.

Vergegenwärtigen wir uns, daß geltendes Recht und sozial-ethische Wertanschauungen im Leben der Sozietät aufs engste verknüpft sind – da jedes Rechtserlebnis auch zugleich Rechtswerterlebnis und insoweit unmittelbare Stellungnahme zu der Kulturordnung ist[180]) –, erscheint das oben

---

[178]) Vgl. Nagler LK 6. Aufl. a.a.O. Anm. V b zu § 54 S. 444; im übrigen wird die Möglichkeit eines solchen Konflikts auch dort, wo der Konflikt zwischen Rechtspflicht und Sittlichkeitspflicht erörtert wird, überhaupt nicht angesprochen; vgl. z.B. Gallas »Pflichtenkollision« a.a.O. S. 315ff.; Henkel »Notstand« a.a.O. S. 97ff.; Jansen a.a.O. S. 10ff.; Oetker VDA II/358ff.

[179]) Vgl. hierzu S. 10f.

[180]) Vgl. Laun »Naturrecht« a.a.O. S. 34: »Auf Grund von Gehorsam aus Zwang allein kann kein Staat und keine Völkerrechtsgemeinschaft auf die Dauer bestehen, denn sonst müßte gewissermaßen hinter jedem Staatsbürger ein Aufseher gestellt werden« . . .
Eingehend mit Literaturangaben Düwel a.a.O. S. 64

skizzierte Ergebnis durchaus als angemessen. Dennoch bedarf es zu seiner Begründung nicht des Rückgriffs auf eine ewige evidente Wertordnung. Zum einen muß diese stets willkürlich erscheinen, zum anderen aber ist ein »evidenter« Wert, der nicht als Wert innerhalb eines Kulturkreises individuell derart erlebt wird, daß seine Anerkennung sich als Werterlebnis objektiviert, für eine Rechtsordnung nicht maßgebend. Wo die Überzeugung der Wertverwirklichung fehlt, findet sich ein leerer Raum, der höchstens zweifelhaft durch einen totalen Machtanspruch, nicht aber durch die Verbindlichkeit des Sittengesetzes erfüllt werden kann[181]),[182]).

Gehen wir davon aus, daß Recht und Sittlichkeit zu ihrer Verbindlichkeit eines Werterlebnisses bedürfen, so könnte bereits von diesem Ausgangspunkt festgestellt werden, daß das Problem eines rechtlich unlösbaren Konflikts nur ein scheinbares ist, die eigentliche Problematik nicht in der Gegensätzlichkeit des Pflichtanspruches liegt, sondern in der Bestimmung des wirklich verbindlichen Anspruches[183]),[184]). Doch bedarf dieser Gedankengang keiner weiteren Ausgestaltung, da der Gesetzgeber zu dem hier in Frage stehenden Konflikt positiv Stellung genommen hat in Art. 2 Abs. 1 GG. Danach ist das Recht auf freie Entfaltung der Persönlichkeit eingeschränkt durch den Verstoß gegen die Rechte anderer, die verfassungsmäßige Ordnung oder das Sittengesetz. Durch diese positive Stellungnahme des Verfassungsgesetzgebers ist das Sittengesetz zumindest auch als rechtliche Schranke des Rechts auf freie Entfaltung der Persönlichkeit anerkannt. Für die Rechtsordnung ist damit ein doppeltes Gebot begründet: Einerseits dürfen die Normen dem Sittengesetz nicht widersprechen (unsittliche Gesetze verstoßen gegen die Verfassung), zum anderen aber ist das Sittengesetz selbst Richtmaß, soweit Eingriffe in die Freiheit des einzelnen statuiert werden[185]).

---

[181]) Vgl. S. 10 Anm. 30

[182]) Der zweifelhafte Charakter jedes Wertkatalogs mit fester Rangordnung, die unabhängig von der historischen und kulturellen Entwicklung bestehen soll, wird dort besonders deutlich, wo Scheler und Hartmann eine Werttafel geben. Obwohl sich beide auf die Evidenz ihrer Werterkenntnis berufen, ist die Rangfolge verschieden – vgl. Scheler a.a.O. S. 302: Oberster Wert »das Heilige« – Hartmann a.a.O. S. 293: »Es gibt keinen obersten Wert.« Ähnlich verblüffend ist es, wenn Spranger in Lebensformen a.a.O. Vorwort S. XIV der Rangordnung Schelers als einer »die der katholischen Auffassung nahesteht«, eine andere gegenüberstellt, die der »vom Protestantismus geschaffenen Bewußtseinslage entspricht.«

[183]) Bereits hiernach ist Henkel – Notstand a.a.O. S. 97 – und H. Mayer – Lb a.a.O. S. 180 – zuzustimmen, wenn sie allgemein anerkannte sittliche Pflichten den Rechtspflichten gleichsetzen. Desgl. Nagler LK 6. Aufl. a.a.O. Anm. V b zu § 54 S. 444. Unsicher und wenig scharf die Formulierung bei Jansen a.a.O. S. 11 und Oetker a.a.O. VDA II/358

[184]) Wenn Gallas – »Pflichtenkollision« a.a.O. S. 316 – meint, nur dann könnten sittliche Pflichten den Rechtspflichten gleichgestellt werden, wenn die Rechtsordnung diesen zumindest mittelbar den Rang einer Rechtspflicht verleiht, so kann dem nicht gefolgt werden. Hier werden rechtliche und sittliche Pflichtenordnung zu isoliert betrachtet. Ihre Zusammengehörigkeit innerhalb des sozialen Pflichtenkreises wird damit mißachtet.

[185]) So auch BVerfG NJW 1957 S. 865, insbes. S. 867

Feststeht damit, daß sittliche Pflichten den Rechtspflichten von Verfassungsrang gleichstehen. Das Sittengesetz wird hierbei nicht aus einer evidenten Wertordnung hergeleitet, sondern aus der Anerkennung und dem objektivierten Werterlebnis der Rechtsgemeinschaft[186]): »Der Wert ist damit an die Beziehung zwischen stellungnehmendem Subjekt und Objekt der Stellungnahme gebunden[187]).« Er findet seine Verbindlichkeit aus einem individuellen Erlebnis heraus, das geschichtlich gewachsen und vielfältig innerhalb der Sozietät erlebt, gleichsam objektive Gestalt erhalten hat. Das Sittengesetz ist damit in die Struktur des Kulturgebildes eingebettet und lebt mit seinen Wandlungen[188]).

Allgemein in der Kulturgemeinschaft als sittliche, d.h. für das kulturelle Zusammenleben als unbedingt notwendig anerkannte Pflichten, stehen demnach den Rechtspflichten gleich, und zwar je solchen von Verfassungsrang.

Die Problematik des Pflichtenwiderstreits innerhalb des sozialen Pflichtenkreises stellt sich demnach nicht dar als Kollision von Pflichten verschiedener isolierter Ordnungen, sondern als Konflikt von Pflichten gleicher Ordnung. Hier gilt, was bei der Kollision von Rechtspflichten untereinander zu gelten hat.

3. Der Konflikt von Pflichten gleicher Ordnung: – Rechts- und Sittlichkeitspflichten –

Die Problematik der vorliegenden Konfliktsgestaltung ist – als Widerstreit mehrerer Rechtspflichten – in der rechtswissenschaftlichen Literatur Gegenstand verschiedenster Überlegungen geworden. Zur Erhellung der Problemlage sind die unterschiedlichsten Begriffspaare gebildet worden. Es werden rechtlich lösbare den rechtlich unlösbaren[189]), logische den materiellen[190]), echte den unechten Pflichtenkonflikten[191]), wie schließlich Situations- den Wertkonflikten[192]) gegenübergestellt.

Eine rechtlich lösbare Kollision ist nach Gallas gegeben, wenn zwei Pflichten verschiedener Rangordnungen kollidieren[193]), ein rechtlich unlös-

---

[186]) So auch BVerfG NJW 1957 S. 868

[187]) Kraft a.a.O. S. 72

[188]) Vgl. Bockelmann »Macht und Recht« a.a.O. S. 58; Gallas »Pflichtenkollision« a.a.O. S. 316; ders. JZ 1960/652; Kraft a.a.O. S. 247; Sax JZ 1954/476, sowie S. 10 Anm. 30 Wenn Dürig in Maunz-Dürig a.a.O. Art. 2 Abs. 1 Anm. 16 allerdings meint, der Ausdruck Sittengesetz verweise auf die altbewährten Rechtsbegriffe »gute Sitten« und »Treu und Glauben«, so wird er dem Gehalte des Sittengesetzes nicht voll gerecht. Diese Begriffe sind nämlich mehr auf den Interessenausgleich des Einzelfalles zugeschnitten, so daß sie inhaltlich z.T. über den Bereich des Gehaltes des Sittengesetzes als des unmittelbar verbindlichen Inhalts des Kulturerlebnisses hinausgehen.

[189]) Vgl. Gallas »Pflichtenkollision« a.a.O. S. 311ff.

[190]) Vgl. H. v. Weber »Pflichtenkollison« a.a.O. S. 234ff. und Frank a.a.O. Vorbem. III vor § 51 S. 144 im Anschluß an Simmel a.a.O. Bd. 2 S. 384f.

[191]) H. Mayer Lb a.a.O. S. 180; Engisch »Einheit« S. 53

[192]) Hartmann a.a.O. S. 295–297 und S. 462–464

[193]) Gallas »Pflichtenkollision« a.a.O. S. 312

barer Konflikt dann, wenn die Rechtsordnung dem ihr unterworfenen Rechtssubjekt gleichwertige, einander ausschließende Pflichten auferlegt, wobei deren Existenz fraglos vorausgesetzt wird[194]).

Eine logische Pflichtenkollision soll vorliegen, wenn die Pflichten im logischen Widerstreit miteinander stehen, ein materieller Konflikt, wenn die Pflichten zwar logisch vereinbar, doch tatsächlich in einer bestimmten Situation nicht miteinander in Einklang zu bringen sind[195]). Dabei wird die logische Pflichtenkollision lediglich als scheinbare gesehen, da das Prinzip der Einheit der Rechtsordnung sonst verletzt wäre. Hier wird demnach bereits erkannt, daß es sich mehr um ein Konkurrenz- als um ein Kollisionsproblem handelt[196]).

Der Unterschied zwischen lösbaren und logischen Pflichtenkollisionen wird darin gesehen, daß der Pflichtenkonflikt im Falle der logischen Kollision bereits abstrakt durch Gesetzesauslegung zu lösen ist, während der lösbare Widerspruch eine situationsbedingte Wertentscheidung voraussetzt[197]).

Unecht soll die Kollision sein, wenn die Pflicht ihrem Inhalt nach durch eine andere begrenzt wird[198]). Eine echte Kollision soll hingegen vorliegen, wo die tatsächliche Sachlage es unmöglich macht, eine von zwei bindenden Pflichten ohne Verletzung der anderen zu erfüllen[199]),[200]).

Ein Situationskonflikt soll im Gegensatz zum Wertkonflikt gegeben sein, wenn die Kollision nicht schon durch die Werte selbst und ihren Widerstreit entsteht, sondern durch die besondere Situation, in die der einzelne gestellt ist[201]).

Eine Betrachtung dieser Begriffsbestimmungen zeigt, daß sich einzelne Begriffspaare weitgehend decken. Aufschluß über Art und Entstehung des Konflikts vermögen sie aber nicht zu geben, vielmehr sind sie auf bestimmten Voraussetzungen aufgebaut, zu denen sodann ihre Schöpfer Stellung nehmen. Ob es z.B. wirklich rechtlich unlösbare Konflikte gibt, und wie diese entstehen, das kann dann nicht mehr erhellt werden, wenn derartige Konfliktsituationen vorausgesetzt und anschließend an Einzelfällen erörtert werden.

Trotz der reichhaltigen Literatur kann die Problemstellung daher nicht

---

194) Gallas »Pflichtenkollision« a.a.O. S. 315: »Die unlösbaren Kollisionen unterscheiden sich von den lösbaren nicht durch die Situationsbedingtheit des Konflikts – diese ist beiden gemeinsam – vielmehr dadurch, daß hier eine Abnormität oder Paradoxie der konkreten Situation die Überbrückung des Widerstandes mit den Mitteln der Rechtsfindung nicht mehr zuläßt.«

195) Vgl. Simmel a.a.O. S. 384–385; Frank a.a.O. Anm. III vor § 51 S. 144

196) Vgl. H. v. Weber »Pflichtenkollision« a.a.O. S. 234–235

197) Vgl. End a.a.O. S. 8

198) Vgl. H. Mayer Lb a.a.O. S. 180

199) Vgl. H. Mayer Lb a.a.O. S. 180

200) Nach Gallas »Pflichtenkollision« a.a.O. S. 314 Anm. 4 soll »echt« die Kollision von Pflichten desselben Normensystems heißen, »unecht« die Kollision von Pflichten verschiedener Systeme.

201) Vgl. Hartmann a.a.O. S. 295–297 und S. 462–464

als fraglos angesehen werden. Die möglichen Konfliktsituationen sind demgemäß darzustellen.

Die Situation denkbarer Kollisionen ergibt sich aus dem Wesen der Pflicht: Entweder werden an ein Mitglied der Sozietät im Rahmen derselben sozialen Rolle einander widersprechende Ansinnen gestellt (a), oder aber ein Pflichtträger ist nicht in der Lage, den gleichzeitigen Forderungen aus zwei verschiedenen Rollenstellungen nachzukommen (b). Dabei kann als unproblematisch der Fall abgetan werden, daß mehrere verschiedenrangige Pflichten miteinander kollidieren. Es gilt heute unstreitig der Satz, daß die Wahrung der höherrangigen Pflicht von der Befolgung der niederen entbindet[202]), d.h. insoweit tritt ein Ansinnen der Rechtsgemeinschaft zurück. In Wirklichkeit hat der Pflichtunterworfene daher nur eine Pflicht, nämlich dem Ansinnen der »höherrangigen Pflicht« zu genügen. Da die andere Forderung entfallen ist, fehlt es bezüglich der »niederen Pflicht« bereits an einem verbindlichen Ansinnen, d.h. an einer wirklichen Pflicht. Der hier auftretende Konflikt ist lösbar, es ist nur ein scheinbarer.

a) Widersprechende Pflichtansinnen innerhalb derselben sozialen Rollenstellung

In der Novelle »Mordenaars Graf« hat Hans Grimm die Tragik eines derartigen Konfliktes dargestellt[203]): Vor den Augen des Vaters Karel ist sein über alles geliebter Sohn Dirk eine Felswand hinabgestürzt und liegt schwerverletzt auf einem Felsvorsprung. Eine Rettung in absehbarer Zeit ist weder Karel noch seinem Diener Jantje möglich. Dirk, der unter grauenhaften Schmerzen leidet, hat bereits einmal seinen Vater gebeten, ihn zu erschießen und damit von der Pein zu erlösen. »Da, war das Täuschung, oder – oder flüsterte das Kind an der Wand herauf? Was immer es war, seine Ohren fingen deutlich die klagenden Worte auf: Jantje, tu du's. Ich hab' Schmerzen. Ich verdurste. Ich fürchte mich vor den Aasvögeln, die wollen mein Fleisch. Tu du's, denn er hat mich nicht lieb, er hat mich nie lieb gehabt! Karel schrie auf, schrie, daß es gellte von Berg und Wand: Nein, Dirk, nein, das ist nicht wahr! Ich hab' dich lieb, Dirk, ich, nur ich. Ich will es tun, Dirk, weil ich dich so sehr lieb habe!«[204]) Hier wird dichterisch der tragische Konflikt deutlich, der sich im unbedingten Willen zur Wahrheit als tiefste Unstimmigkeit des Seienden offenbart.

Die kollidierenden Mächte sind jede für sich wahr[205]). Beide der möglichen Entscheidungen sind aus der Liebe des Vaters zum Sohn herzuleiten. Die unbedingte Pflicht, das Leben des Sohnes nicht zu vernichten, kollidiert mit der Pflicht, dem Sohn die entsetzliche letzte Pein zu kürzen. Es muß an-

---

[202]) Vgl. RGSt 61/254; Gallas »Pflichtenkollision« a.a.O. S. 312; E 1962 § 39

[203]) Hans Grimm: »Südafrikanische Novellen« S. 63–78

[204]) a.a.O. S. 75

[205]) Es soll hier keine Definition des Tragischen versucht werden. Vielmehr wird von der Gestalt, den das Tragische in der Dichtung gefunden hat, ausgegangen. Danach ist Tragik die Größe des Menschen im Scheitern im Kampf um die Wahrheit; vgl. Jaspers: »Von der Wahrheit« a.a.O. S. 927ff.

erkannt werden, daß der Pflichtenträger letztlich nicht bindend entscheiden kann, welcher Pflicht er gehorchen soll. Beide Pflichten erscheinen ihm verbindlich.

Da der Pflichtträger hier allein in der Sozialstellung des Vaters angesprochen wird, liegt klar, daß nur subjektiv überhaupt von zwei Pflichten gesprochen werden kann. Objektiv – vom Standpunkt der Rechtsgemeinschaft her – kann nur ein verbindliches Ansinnen gestellt sein. Fragwürdig ist lediglich, wie dieses eine Ansinnen beschaffen ist. Mag der einzelne die Situation auch als echten Pflichtenkonflikt empfinden. Das Problem liegt hier ausschließlich darin, daß das Wertbewußtsein innerhalb der Sozietät noch nicht genügend differenziert ist. Es bestehen mehrere Ansinnen, ohne daß eines sich durchzusetzen vermochte. Erst die geschichtliche bewußte kulturelle Entwicklung vermag dann endgültig Lösungen zu bringen.

Die Problematik zeigt sich in diesen Fällen demnach nicht in einem echten Pflichtenkonflikt, sie liegt auf der Ebene der Auslegung der Wertentscheidung innerhalb der Kulturordnung. Es wird zu untersuchen sein, wie das Recht – wenn es Stellung nimmt – dieses kann, wo eine klare Entscheidung fragwürdig bleibt.

Welche Folgerungen aus einer Unbestimmbarkeit, einem Schwanken in der Wertentscheidung zu ziehen sind, kann hier noch nicht angedeutet werden, wo es allein darum geht, das Problem klarzulegen. Es wird aber bei der Lösung des Problems weniger darauf ankommen, Gewicht auf einzelne zeitbedingte Argumente zu legen und ihnen nachzugehen, als vielmehr auf den Weg zu achten, der zur Lösung führt.

Festzustellen aber ist hier, daß sich nicht einmal zwei verschiedene Pflichten gegenüberstehen, deren Konflikt durch einen Rangvergleich zu lösen wäre. Hier ist nur eine Pflicht möglich, fraglich lediglich, wie diese inhaltlich erfüllt ist.

Dieses Ergebnis wird bestätigt durch einen Blick in den religiösen Pflichtenkreis, wo gleichfalls nur eine einzige Rollenstellung, nämlich die des christlichen Gläubigen zur Diskussion steht. Nur ein scheinbarer (gemeint ist ein subjektiver auf Grund der mangelnden Einsichtigkeit in den Willen Gottes) Pflichtenkonflikt wird anerkannt, ein objektiver Widerstreit zweier Pflichten aber scharf abgelehnt[206]).

---

[206]) Vgl. Mausbach-Ermecke I a.a.O. S. 142: »Dem Anschein nach können zwei entgegengesetzte Pflichten in einem Augenblick zusammentreffen (Pflichtenkollision). Tatsächlich sind jedoch alle Einzelpflichten so auf die Grundverpflichtung des Menschen für Gott bezogen, daß ein wirklicher Widerspruch zu dem, was Gott von uns verlangt, nicht möglich ist.«
Ähnlich Häring a.a.O. S. 208, wenn er ausführt, vom objektiven Gesetz her gebe es keine Pflichtenkollision, wohl aber für die subjektiven Nöte des nach Klarheit ringenden Gewissens.
Vgl. auch Otto Schilling a.a.O. S. 160; Søe a.a.O. S. 92–93

b) Widersprechende Pflichtansinnen verschiedener Rollenstellungen

Ausgangspunkt unserer Betrachtung sei der Fall des Bahnwärters, der entweder noch rechtzeitig ein Hindernis von den Gleisen räumen oder seinem ertrinkenden Kinde zu Hilfe eilen kann[207]). Das Pflichtansinnen, das die Rechtsgemeinschaft an den Bahnwärter stellt, ist eindeutig: Er hat für die Sicherheit des Eisenbahnverkehrs zu sorgen. Gleichfalls zweifellos ist die Forderung der Rechtsgemeinschaft an den Vater. Er hat alles ihm Mögliche zu tun, um sein Kind zu retten.

In dem Moment, wo in einer Situation beide Rollenstellungen zusammentreffen, wobei die Ansinnen der Rollenstellungen einander widersprechen, liegt eine echte Pflichtenkollision vor.

Nunmehr liegt die Lösung des Konflikts nicht in der Frage, inwieweit ein Normensystem Pflichten eines anderen Systems gelten läßt (Kollision religiöser und sozialer Pflichten), auch nicht welches Ansinnen die Rechtsgemeinschaft an den einzelnen stellt. (Problem der Unklarheit der Forderung) Die Ausgestaltung jeder Rollenstellung steht außer Zweifel: Hier die Sicherung des Eisenbahnverkehrs, dort die Rettung des Kindes. In der Eigenart einer Situation stoßen die Pflichten aufeinander, ohne daß sich sofort und überzeugend darlegen ließe, daß eine Pflicht der anderen Raum gibt.

An dieser Stelle ist es richtig, davon zu sprechen, daß die Irrationalität des Daseins sich nicht uneingeschränkt widerspruchslos einem in sich geschlossenen Normensystem unterordnet. Dennoch führt diese Einsicht nicht zu der Folgerung, das Recht werde seiner Ordnungsfunktion nicht gerecht. Die einzelne soziale Rolle und die ihr entsprechende Verhaltensweise sind nämlich durch die Rechtsordnung festgelegt. Es ist nicht – wie im Falle widersprüchlicher Anforderungen innerhalb derselben Rollenstellung – unklar, ob das Recht die Verhaltensweise X oder nicht X fordert. Die Ansinnen in der Rolle sind fest umrissen. Der Konflikt ergibt sich daraus, daß sich die Vielzahl der Gemeinschaftsfunktionen nicht in einem in sich widerspruchslosen geschlossenen System darstellen läßt[208]). Hier allein liegt ein echter Pflichtenkonflikt. Von zwei verbindlichen Pflichten gilt es, einer zu folgen, damit aber dem Ansinnen der anderen zuwiderzuhandeln.

c) Weitere Kollisionsfälle

Überblicken wir jetzt die unter dem Begriff der Pflichtenkollision erörterten Fälle, so ist zu bemerken, daß die hier herausgearbeiteten Problemstellungen noch nicht die gesamten möglichen Fallgestaltungen treffen. Der Konflikt im Karneades-Fall kann weder als Problem der Reichweite und Ausschließlichkeit zweier verschiedener Normensysteme noch als Zeichen indifferenten Werterlebens bzgl. verschiedener Pflichtansinnen, noch als echter Pflichten-

---

[207]) Vgl. oben S. 3

[208]) Vgl. Bollnow a.a.O. S. 35–36

widerstreit angesehen werden. Der Pflicht desjenigen, der den anderen von der Planke stoßen will, einen anderen nicht zu Tode zu bringen, steht keine zweite Pflicht gegenüber. Nicht einmal scheinbar kollidieren hier zwei Pflichten. Einer Pflicht steht vielmehr ein subjektives Recht, nämlich das auf das eigene Leben entgegen[209]).

Wo die Rechtsordnung dem einzelnen Rechtssubjekt ein Recht einräumt, aus dem Ansprüche auf Achtung dieses Rechts fließen, gewährt sie dem einzelnen ein Tätigkeitsfeld, auf dem er sich ungestört bewegen kann. Den anderen Rechtsgenossen wird die Pflicht auferlegt, diesen Rechtsraum des Individuums zu achten. Dessen Recht auf Wahrung und Achtung korrespondiert somit mit einer Pflicht gleichen Inhalts auf seiten der anderen Rechtsunterworfenen.

In der Struktur unterscheiden sich daher hier mögliche Konflikte zwischen Recht und Pflicht nicht von den oben untersuchten Pflichtenkollisionen.

Nicht denkbar ist hier allerdings ein Normenkreiskonflikt, da der religiöse Normenkreis keine Rechte im Sinne von Ansprüchen des einzelnen kennt, die Rechtsordnung hingegen keine Pflicht zur Durchsetzung von Ansprüchen festgesetzt hat. Möglich ist aber der Wertauslegungskonflikt, d.h. die widersprüchliche Situation, in der es der Sozietät nicht gelingt, letztlich eindeutig festzulegen, ob sie die Wahrung des Rechts billigt oder aber eine Pflicht statuiert, die auf das Recht keine Rücksicht nimmt, d.h. dieses unmittelbar einschränkt.

Vorstellbar ist auch, daß der einzelne innerhalb einer Rollenstellung ein subjektives Recht zuerkannt erhält, dessen Verwirklichung aber im Einzelfall eine gleichwertige Pflicht aus einer anderen Rollenstellung entgegensteht.

4. Ergebnis und Einordnung der verschiedenen Fallgruppen

Die bisherigen Überlegungen haben gezeigt, daß die unter der Bezeichnung der Pflichtenkollision bekannte Problemstellung differenziert und vielfältig ist. Mit derselben Bezeichnung für ganz unterschiedliche Konflikte mußte das Problem mehr verdeckt als erhellt werden. Die einleitend aufgezeigte Verschiedenheit der Meinungen, wo die Lösung des Konflikts zu suchen ist, wird damit verständlich. Selbst dann nämlich, wenn wir den Widerstreit subjektiver Rechte mit Pflichten seiner Struktur gemäß den je verschiedenen Problemlagen zwischen zwei Pflichten zuordnen, bieten sich noch immer zwei unterschiedliche Problemstellungen dar: Der Pflichtenauslegungskonflikt und die echte Pflichtenkollision.

---

[209]) Dieses Recht findet seine positive gesetzliche Anerkennung heute in Art. 2 Abs. 2 GG

a) Der Pflichtenauslegungskonflikt

Der Pflichtauslegungskonflikt, ist in der Unbestimmtheit und Mehrdeutigkeit der Pflichtensituation und der Überzeugung von ihrer Verbindlichkeit in der Rechtsgemeinschaft begründet.

Dieser findet wie der strukturell gleiche Konflikt zwischen Pflicht und persönlichem Recht seine Lösung in der Wertung, Ausgestaltung und Differenzierung der Wertentscheidung innerhalb der Sozietät. Auch hier liegt nur ein scheinbarer Pflichtenwiderstreit vor. Dennoch ist gerade diese Fallkonstellation bisher in der Literatur gemeinhin als typischer Fall der Pflichtenkollision erörtert worden. Das ist verständlich. Denn wenn eine Kulturordnung um Werte ringt und ihr Bestreben darauf richtet, das Zusammenleben zu sichern und zu ordnen, wird eine Vielfalt von Entscheidungen nicht intuitiv eindeutig getroffen, sondern erst langsam bildet sich eine objektive Wertüberzeugung heraus. Das macht verständlich, daß schon geringe Abweichungen innerhalb einer Fallstellung ein abweichendes Urteil begründen können. Hier gilt es daher, die oft erörterten Fälle darzustellen, um den Weg der Untersuchung vorzubereiten. Denn es ist nicht denkbar, daß die Bestimmung eines einzigen Falles bereits grundlegende Lösungsmöglichkeiten herausstellt.

Im Falle des Weichenstellers, der vor der Frage steht, viele Menschen zu retten, auch wenn dabei wenige bisher nicht Gefährdete zu Tode kommen, stehen sich die Pflichten, Menschen zu retten und sich jeder Verursachung des Todes einzelner zu enthalten, gegenüber[210]).

Die Problematik des Brettes des Karneades wird gekennzeichnet durch die Frage, ob der einzelne sein Leben retten darf, auch wenn er andere zu Tode bringt. Ähnliches gilt für folgende Sachverhalte:

aa) Aus dem über dem Meere sinkenden Ballon wirft der eine Insasse den anderen hinaus, um Ballast zu verlieren[211]).

bb) Ein erfahrener Schwimmer ist zugleich mit einem Nichtschwimmer in das Wasser gefallen. Dieser klammert sich an den Schwimmer, so daß der gleichfalls in Gefahr kommt zu ertrinken, weil er nicht zugleich sich und den anderen retten kann. Er stößt ihn fort, um nicht mit ihm unterzugehen, obwohl er sich noch einige Minuten mit dem Nichtschwimmer hätte über Wasser halten können, dann aber zugleich mit diesem untergegangen wäre[212]).

cc) Nach einem Schiffbruch sehen zwei im Wasser schwimmende Passagiere zugleich die rettende Planke, die aber nur einen von ihnen tragen kann.
1. Alternative: A, der kräftiger ist, verdoppelt seine Anstrengungen, erreicht die Planke und paddelt mit ihr aus dem Bereich des B.
2. Alternative: A fürchtet, daß B die Planke vor ihm erreichen werde. Er wendet sich daher unversehens dem B zu und drückt ihn unter Wasser, so daß B zu Tode kommt[213]).

dd) Ein Unschuldiger ist als Mörder zum Tode verurteilt worden und soll hingerichtet werden.

---

[210]) Vgl. oben S. 3
[211]) Vgl. Neubecker a.a.O. S. 62; Baumgarten a.a.O. S. 51 Anm. 3; v. Weber: »Notstandsproblem« a.a.O. S. 35
[212]) Vgl. Pufendorf »Jure Naturae« a.a.O. II 6 § 4 S. 206
[213]) Hier handelt es sich um eine Abwandlung des Karneades-Falles.

1. Alternative: Er bricht aus, wobei er einen Wärter in seiner Zelle einsperrt.
2. Alternative: Er bricht aus und verletzt einen Wärter schwer.
3. Alternative: Er bricht aus und tötet einen Wärter.[214])

ee) Ein Vater fährt mit seinem Kinde im Schlitten über die Steppe. Ein Rudel Wölfe folgt und holt immer mehr auf.
1. Alternative: Der Vater wirft sein Kind den Wölfen zum Fraß vor, um einen Vorsprung zu gewinnen und sich zu retten.
2. Alternative: Der Vater springt vom Schlitten und rettet sich auf einen Baum. Das Kind vermag er nicht mit hoch zu nehmen. Er läßt es im Schlitten[215]).

Mögen diese Fälle auch geradezu abschreckend konstruiert sein, so hat sich dennoch die Rechtsprechung bereits mit ähnlichen Fallkonstellationen zu beschäftigen gehabt:

ff) Verwiesen sei auf den Mignonette-Fall – vgl. S. 1–2 – und

gg) den Holmes-Fall – vgl. S. 1 –.

Die Erörterung der Euthanasiefälle hat erneut angeregt, eine Vielzahl von Beispielen zu bilden, bzw. neu zu diskutieren:

hh) A, B und C sind auf einer Bergtour abgestürzt. B und C hängen bereits über dem Abgrund, während A durch das alle drei verbindende Seil langsam an den Abgrund gezogen wird. Kurz bevor auch A in den Abgrund zu stürzen droht, kappt er das Seil[216]).

ii) Ein Soldat ist überfallen und erschossen worden. Der Täter ist flüchtig. Statt seiner sollen 10 Geiseln mit dem Tode büßen.
1. Alternative: 9 der Geisel können gerettet werden, wenn der Kreisrichter einen der 10 als Täter bezeichnet.
2. Alternative: Die Militärbehörde entschließt sich, nur einen zu erschießen und läßt den Kreisrichter die 9 anderen auswählen[217]).

jj) Ein sinkendes Schiff hat zu wenig Rettungsboote. Der Kapitän befiehlt, daß nur Frauen und Kinder sowie die nötigen Seeleute in den Rettungsbooten Zuflucht suchen dürfen. Die restlichen Seeleute sowie die männlichen Passagiere versinken mit dem Schiff[218]).

kk) Nachdem ein U-Boot einen Treffer im Vorschiff erhalten hat, läßt der Kommandant die Schotten zum Vorschiff schließen, um den Wassereinbruch zu begrenzen. Der im Vorschiff befindliche Teil der Besatzung kommt dadurch zu Tode, der Rest kann gerettet werden. Wären die Schotten offengeblieben, so wäre die Besatzung aus dem Vorschiff in das Mittelschiff gelangt und wäre hier mit dem Rest der Besatzung bald darauf umgekommen[219]).

---

[214]) Vgl. zur Ausgangssituation Lobe LK 5. Aufl. a.a.O. Anm. 6 zu § 54 S. 396; RGSt 22/300f., insbes. 301; 25/150; 41/215; Karding a.a.O. S. 39

[215]) Vgl. zur 1. Alternative: Neubecker a.a.O. S. 61/62

[216]) Vgl. hierzu: Merkel a.a.O. S. 48; Oetker VDA II a.a.O. S. 352; ders. »Notwehr« a.a.O. S. 373; Siegert a.a.O. S. 35; Wachenfeld Lb a.a.O. S. 120; v. Weber »Notstandsproblem« a.a.O. S. 31ff.; Klefisch MDR 1950/262; Eb. Schmidt SJZ 1949/565; Welzel Lb a.a.O. S. 164

[217]) Nachgebildet einem Hörspiel von Mirko Bozic – UKW Nord 14. 10. 1962. Ähnliche Konstellationen liegen auch dem Roman »Stadtgespräche« von Siegfried Lenz und seinem Stück »Zeit der Schuldlosen« zugrunde.

[218]) Vgl. Eb. Schmidt SJZ 1949/565

[219]) Dieser in der Kriegsliteratur oft erwähnte Fall ist gerichtlich, soweit ich sehe, niemals entschieden worden. Auch eine Entscheidung zu dem genauso liegenden Fall eines englischen Kriegsschiffes im Skagerak im 1. Weltkrieg, der häufig in der Literatur herangezogen wird, liegt nicht vor.

ll) Bei einer Feuersbrunst gelingt es einem Feuerwehrmann, in das Kinderzimmer des brennenden Hauses vorzudringen. Er findet 6 Kinder vor. Da er nur drei Kinder tragen kann, greift er wahllos drei heraus und bahnt sich den Weg zurück ins Freie, dann stürzt das Haus ein[220]).

mm) Ein Fährmann hat eine Kinderschar über einen reißenden Strom zu bringen. In der Mitte des Stromes erkennt er, daß er infolge des leck gewordenen Fahrzeuges nur einen Teil der Kinder an das andere Ufer retten kann. Er stößt einen Teil der Kinder in die Fluten, um die anderen zu retten[221]).

b) Die echte Pflichtenkollision

Die echte Pflichtenkollision, ist bisher in der Literatur nur sehr am Rande behandelt worden.

Es ist bisher nur ein einzelner Fall erörtert worden, nämlich der Bahnwärterfall[222]). Sie entsteht, weil der einzelne innerhalb der Sozietät verschiedene Rollen innehaben kann, die einander entgegengesetzte Pflichtansinnen bergen. Dies ist der echte und einzige Fall eines Pflichtenkonflikts, den auch die Rechtsordnung als solchen anerkennen muß. Allein die Kollision zweier verschiedener Pflichten bildet hier die Problematik, nicht aber die Frage der Gesetzesauslegung oder die der Wertdifferenzierung. Unlöslich aber kann auch dieser Konflikt nicht sein, wie oben bereits dargelegt wurde.

Zur weiteren Klarstellung dieser Problemlage und deren Erhellung diene noch folgender Beispielsfall, der – obwohl geradezu erschreckend konstruiert – einen umfassenden Einblick in die Konfliktsgestaltung gewährt:

Dem Busfahrer B, der in zügiger Fahrt mit vollem Bus an seinem Haus vorüberfährt, läuft sein kleines Kind entgegen. B hat nicht mehr Raum genug, den Bus rechtzeitig zu bremsen.

a) Entweder überfährt er das Kind oder er weicht derart aus,

b) daß er einen entgegenkommenden Wagen anfährt, wobei dessen Insassen getötet werden, oder

c) daß das Heck des Busses herumschleudert, wobei mit Sicherheit mehrere Fahrgäste zu Tode kommen, und zwar je nachdem, zu welcher Seite er das Steuer reißt, die rechts oder links sitzenden, oder

d) daß der Bus frontal auf ein Hindernis auffährt, wobei B getötet wird, andere Menschen aber höchstens verletzt werden.

Es bedarf keiner eingehenden Darlegung, daß sich nicht mit Bestimmtheit sagen läßt, welche Handlung die Rechtsgemeinschaft in dieser Situation billigt, welche sie verwirft. Es kann daher davon ausgegangen werden, daß der Rang der Ansinnen gleich erscheint. Eine unlösbare Pflichtenkollision könnte daher vorliegen, soweit das Recht des einzelnen als Mensch mit einem natürlichen Selbsterhaltungstrieb kollidiert sowohl mit der Pflicht des Busfahrers, die Fahrgäste sicher zu befördern und vor Schaden zu bewahren, als auch mit der Pflicht als Verkehrsteilnehmer, andere Verkehrsteilnehmer nicht zu schädigen, als schließlich mit der Pflicht des Vaters, seinem Kinde das Leben zu erhalten.

---

220) Vgl. v. Weber »Pflichtenkollision« a.a.O. S. 249

221) Vgl. Klefisch MDR 1950/261 und Peters JR 1950/743

222) Vgl. oben S. 3

Das Wesentliche dieser Pflichtsituation liegt darin, daß hier scheinbar deshalb Pflichten kollidieren, weil Ansinnen, die allein und gegenüber verschiedenen Adressaten verbindlich wären, sich kumulativ an eine einzige Person richten.

Da der Rang der verschiedenen Pflichten – genau wie das konkret verbindliche Ansinnen im Rahmen des Pflichtenauslegungskonflikts – nicht offenbar ist, muß zunächst untersucht werden, wie die Rechtsgemeinschaft Handlungen bewertet, die den Tod eines oder mehrerer Menschen zur Folge haben, andererseits aber

a) das eigene Leben
b) das Leben naher Angehöriger
c) das Leben anvertrauter Personen
d) das Leben fremder Rechtsgenossen

retten.

So führt der Weg der Erhellung der Pflichtensituation über die Lösung scheinbarer Pflichtenkonflikte. Erörtert wird die Konfliktsituation, in der Rettung und Vernichtung von Menschenleben einander gegenüberstehen. Zwar werden dabei nicht alle möglichen Pflichtenauslegungsfälle erörtert, z. B. jene nicht, in denen Selbstbestimmungsrecht des einzelnen und Lebensrettungsrecht oder gar -pflicht eines anderen Rechtsgenossen gegenüberstehen. Doch kann darin kein Mangel gesehen werden. Nicht geklärt wird nämlich lediglich der Rang solcher einzelner Rechtspositionen. Ist dieser aber einmal herausgestellt, so werden die zu erarbeitenden Prinzipien auch dort Anwendung finden müssen.

Die Ausgangsposition ist damit umrissen. Die Prüfung im einzelnen kann durchgeführt werden. Sie wird ausgehen von der Frage, wie die Situation bisher gesehen worden ist und sodann zur Erörterung stellen, inwieweit historische Lösungen auch heute noch verbindlich sind, bzw. wo und wie neue Wege sich eröffnen.

2. Kapitel

Bisher erörterte Lösungswege

Bei der Untersuchung der Frage, wie die Lösung der hier interessierenden Kollisionsfälle bisher gesehen worden ist, müssen drei Gesichtspunkte berücksichtigt werden. Sie bestimmen den Gang der Darstellung.

1. Es ist wenig sinnvoll, jede einzelne Meinung, die bisher im Schrifttum erörtert wurde, zunächst breit darzustellen und abschließend eine kritische Auseinandersetzung zu versuchen. Ein derartiges Referat würde zwangsläufig den Rahmen der Untersuchung sprengen und letztlich nichts weiter darstellen als eine weitere Geschichte des Notstandes. Die Rettung des eigenen Lebens unter Verletzung eines anderen ist es nämlich in erster Linie, die durch die Jahrhunderte hindurch erörtert wird. Bereits bei der Darlegung der verschiedenen Lösungswege werden daher zeitlich nahestehende und in den tragenden Gedanken übereinstimmende Lösungen zusammengefaßt, die leitenden Gesichtspunkte herausgestellt und kritisch gewürdigt. Bei der Feststellung, in welchem Bereich die Lösung jeweils gefunden worden ist, wird gefragt, ob Rechtswidrigkeit oder Schuld verneint werden, dem Täter ein Strafausschließungsgrund zuerkannt oder in anderer Weise die Lösung gesucht wird.

2. Maßgeblich für diese Einordnung kann sodann nicht die Meinung des jeweiligen Autors über die Eingruppierung sein. Als Kriterium der Bejahung oder Verneinung der Rechtswidrigkeit kommt allein der hier entwickelte Begriff der Rechtswidrigkeit in Betracht. Nicht die Bezeichnung der Lösungsrichtung, sondern die herangezogenen Argumente sind maßgeblich. Diese Methodik ist schon deshalb sachlich vorzuziehen, weil innerhalb der Strafrechtsdogmatik die Trennung von Rechtswidrigkeit, Schuld und Strafausschließungsgrund erst mit Feuerbach Konturen erhält. Zuvor ist eine konsequente scharfe Abgrenzung nicht zu erkennen.

3. Herangezogen werden nur solche Überlegungen, die die rechtliche und kulturelle Entwicklung der heutigen Situation beeinflußt haben könnten, d.h. Äußerungen innerhalb unseres Rechtskreises. Dabei soll nicht übersehen werden, daß die Erörterung der Problematik auch in anderen Kulturkreisen lebendig war und ist[1]).

---

[1]) So findet sich bereits eine sehr klare Stellungnahme zu einem den unseren ähnlichen Fall im jüdischen Recht: – vgl. Talmud Baba Mesia a.a.O. pag. 62a – Zwei Reisende hatten sich in der Wüste verirrt. Der eine von ihnen besaß noch eine Flasche Wasser. Alle übrigen Nahrungsmittel waren bereits aufgezehrt. Die vorhandene Wassermenge konnte allein einem noch Kraft geben, aus der Wüste zu entkommen. »Was schreibt die Pflicht dem Besitzer der Flasche vor? Es erhob sich Ben Petora und sagte: »Es sterben lieber beide, als daß der eine Zuschauer des Todes seines Genossen sei.« Aber ihm widersetzte sich Rabbi Akiba aufs energischste, indem er den Satz aussprach und zur Geltung brachte: »Die Erhaltung des eigenen Lebens gehe der des anderen vor.«
Vgl. hierzu auch Stammler a.a.O. S. 7 Anm. 1

A. HISTORISCHE LÖSUNGEN

I. Bis zur Zeit der Aufklärung

1. Das römische Recht

Scharf herausgearbeitete Grundsätze zur Lösung einer Pflichtenkollision kennt das römische Recht nicht. Nur einzelne Fälle werden angesprochen: Wer in Lebensgefahr den Angreifer oder einen anderen erschlägt, soll nicht angeklagt werden[2]). Straflos soll derjenige bleiben, der sich der Todesstrafe dadurch zu entziehen sucht, daß er den Gegner besticht[3]). Frei von Privatstrafe soll der bleiben, der in Feuersgefahr das Haus des Nachbarn niederreißt oder zerstört, um das eigene zu retten[4]).

Nach der Lex Rhodia de iactu durfte der in Seegefahr befindliche Kapitän zur Rettung von Schiff und Ladung Waren über Bord werfen[5]). Zur Rettung des Schiffes, das auf fremde Ankertaue oder Netze aufgelaufen war, durften die fremden Taue und Netze zerstört werden, wenn die Notlage nicht verschuldet war[6]).

Allein in den beiden erstgenannten Fällen wird eine strafrechtliche Problemstellung erörtert. Warum der Täter aber straffrei bleiben soll, ob etwa die Rechtsordnung sein Handeln billigte oder den Selbsterhaltungstrieb berücksichtigte oder gar davon ausging, hier sei eine Strafe sinnlos, da der Strafausspruch den Täter nicht anders motiviert hätte, läßt sich nicht sagen.

Die übrigen Fälle können darüber hinaus nicht einmal unter die hier interessierende Problemstellung eingeordnet werden, da die Straffreiheit des Täters entweder mit dem Fehlen einer Schädigungsabsicht[7]) oder aber mit Gesichtspunkten hypothetischer Kausalität[8]) begründet wird. Aus den genannten Stellen Regeln zur Lösung der hier aufgeworfenen Problematik herauszuarbeiten, ist demgemäß nicht möglich[9]).

Auch die Erörterung des Karneades-Falles bei Cicero[10]) führt nicht weiter, sondern kann höchstens dafür herangezogen werden, daß das römische Rechtsdenken von einer Unvergleichlichkeit und Unabwägbarkeit des menschlichen Lebens noch nicht ausging. Dargelegt wird nämlich nur, daß demjenigen, der dem Staat nützlich sei, die Planke zukommen solle. Seien hingegen beide dem Staat von gleicher Nützlichkeit, so solle gelost werden.

Diese Betrachtungen können die heutige Situation nicht erhellen. Schon

---

[2]) C. 2 C. ad leg. Cor. de sicc. 9. 16
[3]) l 1 D 48. 21
[4]) l 3 § 7 D 47. 9; l 49 § 1 D 9.2; l 7 § 4 D 43. 24
[5]) D 14. 1 ff.
[6]) l 29 § 3 D 9. 2
[7]) l 3 § 7 D 47. 9
[8]) l 7 § 4 D 43. 24
[9]) Anders Stammler a. a. O. S. 15 ff. und Janka a. a. O. S. 45 ff., doch betonen beide lediglich einzelne Sätze. Aus diesen allgemein anerkannte Prinzipien abzuleiten, geht zu weit.
[10]) De officiis a. a. O. III 23

mit dem Ausgangspunkt stimmt unsere Rechtswertüberzeugung, die von der Gleichheit und Unvergleichbarkeit eines jeden Menschenlebens ausgeht, nicht überein.

2. Das kanonische Recht

Allgemeine Grundsätze zur Lösung des Notstandes und damit zumindest eines großen Teils der hier interessierenden Problematik werden in der Literatur im kanonischen Recht gesehen. Boldt spricht von weittragenden Gesichtspunkten[11]); Janka meint, das kanonische Recht gehe von dem allgemeinen Grundsatz aus: Not kennt kein Gebot[12]), und Stammler[13]) sieht Regeln, nach denen eine in Not vorgenommene Handlung entschuldigt werden soll[14]).

Eine Durchsicht der Quellen nötigt aber zur Skepsis. Zwar finden sich Stellungnahmen zum Notdiebstahl[15]). Darüber hinaus können aber allgemeine Grundsätze nicht festgestellt werden: Die beiden stets angeführten Stellen im Decretum Gratiani[16]): cap. 11 dist. 1 de consecratione: »Necessitas non habet legem«, und cap. 4 de regulis iuris 5. 41 »quod non est licitum lege, necessitas facit licitum« beziehen sich auf eine Milderung des Gebotes der Sonntagsheiligung und des Fastens an gewissen Tagen in der Not. Hieraus allgemeine Grundsätze für die Lösung des Notstandes abzuleiten, ist nicht gerechtfertigt[17]). Die Behandlung des Notdiebstahls aber betrifft die hier untersuchte Pflichtenproblematik nicht. Eindeutig stehen sich dort höher- und niederrangige Interessen gegenüber.

3. Das ältere deutsche Recht

Auch dem älteren deutschen Recht sind keine Prinzipien für die Lösung der aufgezeigten Kollisionsfälle zu entnehmen. Aus einzelnen Äußerungen zur Beurteilung des Notdiebstahls sowie einigen Rechtssprichwörtern können keine allgemeinen Grundsätze abgeleitet werden[18]).

---

[11]) a.a.O. S. 607
[12]) a.a.O. S. 49ff.
[13]) a.a.O. S. 19ff.
[14]) Ähnlich auch Rabe a.a.O. S. 10
[15]) C. 3 X de furtis 5, 18; vgl. hierzu auch Stammler a.a.O. S. 19ff. und Janka a.a.O. S. 49ff.
[16]) Vgl. z.B. Janka a.a.O. S. 49; Rabe a.a.O. S. 10; Stammler a.a.O. S. 19
[17]) So auch Oehler a.a.O. JR 1951/489
[18]) Wenn Rabe a.a.O. S. 11 in den Rechtssprichwörtern »Not kennt kein Gebot« und »ein Notschlag kein Totschlag« allgemeine Notstandsgrundsätze sieht, so vermag ich mich dem nicht anzuschließen. Es ist zu wenig über den Anwendungsbereich bzw. die Fallkonstellation bekannt, die solchen Worten einmal zugrunde lagen.
Stammler will sogar noch weiter gehen und folgern, die Not sei als Entschuldigungsgrund anerkannt worden.

4. Die PGO von 1532

Die Peinliche Gerichtsordnung Kaiser Karl V. von 1532 beschränkt die Notstandserörterung auf den Fall des Notdiebstahls in Artikel 166 – an »essenden dingen« – und in Artikel 175 – an »geweichten dingen und steten« –. Sodann wird in Artikel 145 bei der Notwehr noch die Tötung eines Unschuldigen gestreift. Weitere Notstandsfälle oder Regelungen enthält die CCC nicht[19]).

5. Die gemeinrechtliche Doktrin

Die gemeinrechtliche Doktrin, beeinflußt durch die italienische Schule und in der Blickrichtung durch die Regelung in der Carolina thematisch gelenkt, hat eigene Prinzipien zur Lösung von Pflichtproblemen nicht entwickelt. Gegenstand der Erörterung bleibt der Notdiebstahl, wobei die Entwicklung dahin geht, den Grundsatz der Straffreiheit abzuschwächen und lediglich eine Strafmilderung zuzulassen[20]).

II. Die Zeit der Aufklärung

1. Neue Gesichtspunkte

Zunächst wird die Problematik des Pflichtenkonflikts nach wie vor allein am Fall des Notdiebstahls erörtert. Doch formuliert bereits Grotius: »Quia in omnibus legibus humanis ac proinde et in lege dominii summa ille necessitatis videtur excepta«[21]). Auch wenn diese Aussage nur für den Notdiebstahl Bedeutung hat, dessen Straflosigkeit Grotius aus einer ursprünglich einmal bestehenden Gütergemeinschaft herleitet, die im Moment schwerster Not erneut auflebt, so ist doch beachtlich die Forderung der Straflosigkeit[22]).

Zu demselben Ergebnis – aber auf anderem Wege – kommt Matthaeus[23]). Seiner Ansicht nach ist der Notdiebstahl zwar Verbrechen, aber straflos. Ob Matthaeus wirklich eine entschuldigende Situation annahm[24]), erscheint aber zweifelhaft. Er leugnet eine zwingende psychologische Wirkung der Notsituation auf einen vir bonus et sapiens und begründet die Straflosigkeit bzw. Milderung mit den Worten: quin potius inter crimen et poenam distinguendum arbitror ut crimen committi, etiam urgente penuria fateamur:

---

[19]) Vgl. auch Janka a.a.O. S. 65ff. und Stammler a.a.O. S. 25ff.

[20]) So insbes. Carpzow a.a.O. pars II qu. 83 und 38, 50; Berlich a.a.O. concl. XLIV n. 41; vgl. auch Janka a.a.O. S. 72/73; Rabe a.a.O. S. 11/12 und Stammler a.a.O. S. 28

[21]) a.a.O. Lib. II cap. II Ziff. 2

[22]) Vgl. auch Boldt a.a.O. S. 610ff.; Janka a.a.O. 76f. und Rabe a.a.O. S. 14

[23]) a.a.O. ad lib. 27 Dig. Tit. I de furtis c. 1 u. 7

[24]) so aber Janka a.a.O. S. 76

poenam tamen, propter necessitatis vim delinquenti aut remittemus, aut certe mitigemus[25],[26]).

Für die hier interessierenden Pflichtenkonflikte lassen sich aber grundsätzliche Regeln in diesen Stellungnahmen noch nicht finden.

2. Konsequenzen aus den neuen Gedanken

Die durch die Beschränkung auf den Notdiebstahl der Erörterung des Problems gesetzten Grenzen verläßt zuerst Pufendorf. Unter Darstellung einer Reihe von Beispielen, u.a. des Karneades-Falles[27]), stellt er den Grundsatz auf, die Notstandshandlung stehe außerhalb des Gesetzes[28]). Der Gesetzgeber müsse berücksichtigen, daß der Mensch nicht zu einem Verhalten gezwungen werden könne, das seinen eigenen Untergang bewirken würde. Eine solche Bindung sei nicht möglich[29]).

Diese Ideen werden schon bald von Thomasius übernommen, der nicht nur von der Unwiderstehlichkeit, sondern sogar von der Rechtmäßigkeit des Selbsterhaltungstriebes ausgeht[30]),[31]).

An das Brett des Karneades knüpft auch Boehmer an. Er legt dar, daß jeder der beiden Schiffbrüchigen »mit Recht« handele, wenn er den anderen wegstoße[32]),[33]).

Weiter erörtert noch Haunold Tötungsfälle. Er unterscheidet die direkte und die indirekte Tötung. Die direkte Tötung eines Unschuldigen solle niemals erlaubt sein, wohl aber die indirekte.

Eigentümlich mutet diese Unterscheidung an, nach der es verboten sein soll, auf der Flucht den Weg durch eine Menschenmenge mit dem Schwerte freizukämpfen, erlaubt hingegen, ein Kind niederzutreten, auch auf die Gefahr hin, daß es zu Tode kommt[34]). Will man die Darlegungen Haunolds nicht so interpretieren, daß für den Fall eines dolus eventualis immerhin die Chance besteht, der Betroffene könne noch gerettet werden, es ständen sich somit verschiedenrangige Interessen gegenüber, so können aus den Worten Haunolds überhaupt keine Regeln entnommen werden[35]).

Schließlich findet sich eine Stellungnahme zu dem untersuchten Problem

---

[25]) ad lib. 27 Dig. Tit. I de furtis c. 1 u. 7

[26]) Vgl. auch Boldt a.a.O. S. 613–614; Oehler a.a.O. JR 1951/490

[27]) De iure . . . a.a.O. S. 206

[28]) Vgl. Boldt a.a.O. S. 611f.; Oehler a.a.O. JR 1951/489 und Eb. Schmidt, »Einführung« a.a.O. S. 146

[29]) Vgl. Pufendorf, De iure . . . a.a.O. insbes. S. 203

[30]) Institutiones a.a.O. Lib II c. I § 123ff.

[31]) Vgl. auch Janka a.a.O. S. 81 und Rabe a.a.O. S. 16

[32]) a.a.O. S. 802: »quo iure, qui cum altero in naufragio uni eidemque tabulae insidens hunc, ad effugiendum periculum depellere licite potest nec an is aeque tabulae ad sui conservationem indigeat, examinare tenetur . . .«

[33]) Vgl. auch Boldt a.a.O. S. 608f.

[34]) Vgl. a.a.O. Tract. II c. VI Controvers. III Nr. 618ff.

[35]) Vgl. hierzu auch Schaffstein a.a.O. S. 87; Boldt a.a.O. S. 609 Anm. 9

bei Püttmann[36]). Auch er führt den Plankenfall an und meint dazu: »Actionem scilicet summa in necessitate susceptam reatum haud continere[37]).«

Fassen wir die verschiedenen Stellungnahmen zusammen, so sehen wir, daß hier der Selbsterhaltungstrieb des Menschen zuerst in klaren Bezug zur Rechtsordnung gesetzt wird. Wenn auch allgemeine Grundsätze noch nicht entwickelt werden, so wird doch von denen, die der Problematik der Kollision von Menschenleben nachgehen, der Grundsatz aufgestellt: Die Rechtsordnung billigt es, wenn der einzelne seinem Selbsterhaltungstrieb nachgibt.

Dieses Urteil der Rechtsordnung muß gerade auch in den Ausführungen Pufendorfs gesehen werden. Seine These, der Gesetzgeber müsse sich Selbstbescheidung auferlegen, um dem zu regelnden Sachverhalt gerecht zu werden, kann nicht im Sinne der Exemtionstheorie Fichtes[38]) gedeutet werden. Pufendorf ist gerade nicht der Meinung, der Gesetzgeber müsse in dieser Situation gleichsam die Augen schließen und so tun, als ginge ihn das Ganze nichts an. Pufendorf geht vielmehr davon aus, daß der Gesetzgeber, gerade auf Grund einer Wertung der Handlung, zu dem Ergebnis kommen müsse, daß er diese nicht mit einem Unwerturteil belegen könne. Da aber die Billigung oder eine neutrale Handlung nicht Gegenstand eines Strafrechts sein könne, habe der Gesetzgeber sich weiterer Darlegungen zu enthalten.

Nach der oben gegebenen inhaltlichen Bestimmung des Rechtswidrigkeitsurteils kann gesagt werden, daß hier die in Lebensgefahr vorsätzlich verursachte Vernichtung fremder Menschenleben nicht als rechtswidrig gewertet wurde[39]).

Die Bedeutung dieser Haltung gegenüber einer Tötungshandlung zur Rettung des eigenen Lebens kann erst dann voll gewürdigt werden, wenn man sich vergegenwärtigt, daß zur selben Zeit die Notdiebstahlsproblematik immer noch stark umstritten war, und die Straflosigkeit teils im Fehlen des »dolus malus«, teils in der Unzurechnungsfähigkeit des Täters, teils im Fehlen der Rechtswidrigkeit gesucht wurde[40]).

Die Gleichheit der gegenüberstehenden Rechtsgüter, d.h. ihre Unabwägbarkeit gegeneinander wird nicht beachtet, vielmehr scheint sie gerade die Stellungnahme vereinfacht zu haben.

Weitere Aussagen, insbesondere zur Abwägung der einzelnen Standpunkte, können aber nicht gemacht werden. Eine eingehende wertende Begründung fehlt sowohl bei Pufendorf als auch bei Thomasius und Boehmer. Die Richtigkeit der Ergebnisse wird gleichsam als allgemein einsichtig vorausgesetzt.

---

[36]) Elementa I a.a.O. § 325

[37]) ebendort

[38]) Vgl. hierzu S. 60ff.

[39]) A. A. Oehler a.a.O. JR 1951/489–490, der der Meinung ist, Boehmer trete für eine Entschuldigung ein.

[40]) Vgl. Boldt a.a.O. S. 607ff. und Schaffstein a.a.O. S. 83ff.

III. Die Entwicklung des Problemstandes im 19. Jahrhundert

1. Kant

Bekannt und viel erörtert ist die Stellungnahme Kants. Auch er geht vom Brett des Karneades aus. »Es kann nämlich«, so meint Kant, »kein Strafgesetz geben, welches demjenigen den Tod zuerkennte, der im Schiffbruch mit einem anderen in gleicher Lebensgefahr schwebend, diesen von dem Brett, worauf er sich gerettet hat, wegstieße, um sich selbst zu retten[41].« Ein Strafgesetz, das eine derartige Handlung unter Strafe stelle, könne nämlich die beabsichtigte Wirkung nicht haben. Eine härtere Strafe als den Verlust des eigenen Lebens gebe es nicht. Die Furcht vor einem ungewissen Übel (Richterspruch) könne aber die Furcht vor dem gewissen Übel (Ertrinken) nicht überwiegen. Diese gewalttätige Selbsterhaltung sei aber nicht etwa als unsträflich (inculpabile), sondern nur als unstrafbar (inpunibile) zu beurteilen. Hierbei handele es sich um eine subjektive Straflosigkeit, nicht aber eine objektive (Gesetzmäßigkeit). Zwar laute der Sinnspruch des Notrechts »Not hat kein Gebot«, gleichwohl kann es keine Not geben, welche gesetzmäßig macht, was Unrecht ist.

Es kann hier dahin stehen, ob Kant mit dieser Ansicht im Widerspruch zu den Grundgedanken seines Strafrechts steht[42]; gleichfalls kann dahinstehen, ob er im Notstand einen Strafausschließungs- oder Entschuldigungsgrund sieht[43]. Nicht gefolgt werden kann aber der Ansicht Bockelmanns, wonach das Notrecht bei Kant in einen rechtsleeren Raum fällt[44]. Die Bezeichnung der Notstandshandlung als Unrecht gibt insoweit einen klaren Hinweis, daß Kant davon ausging, die Rechtsordnung mißbillige das Verhalten des Notstandstäters. Dieses Werturteil über die Handlung begründet nach der hier zugrunde gelegten Begriffsbestimmung die Feststellung, daß Kant die Notstandshandlung als rechtswidrig ansah. Warum auch immer er diese straffrei ließ, im Rahmen der Rechtswidrigkeit sah Kant die Lösung nicht.

2. Die Exemtionstheorie Fichtes

Anders steht Fichte der Notstandshandlung gegenüber. Er lehrt: »Das Notrecht kann man beschreiben als das Recht, sich als gänzlich exemt von aller Rechtsgesetzgebung zu betrachten[45].« Nach Fichte bezieht sich das Recht auf die Gestaltung der Gemeinschaft zwischen mehreren freien Wesen. Die Frage der Rechtslehre laute darum: Wie können mehrere freie Wesen als solche beisammen bestehen[46]? Die Möglichkeit des Beisammenbestehens

---

[41]) Metaphysik der Sitten a.a.O. S. 343
[42]) Vgl. Janka a.a.O. S. 88; Rabe a.a.O. S. 25
[43]) Vgl. hierzu Bockelmann, »Hegel« a.a.O. S. 4ff.
[44]) ebendort S. 8
[45]) a.a.O. II § 19 J S. 246f.
[46]) ebendort S. 247

überhaupt ist damit Grundvoraussetzung jeden Rechts. Gerade das »Wunderbrett der Schule« beweise aber, daß in diesem Falle die Möglichkeit des Nebeneinander entfallen ist. Damit aber falle auch die Frage nach dem Recht ganz und gar weg. Die Natur hat die Berechtigung zu leben für beide zurückgenommen und die Entscheidung fällt der physischen Stärke und Willkür anheim. Es gibt somit kein Notrecht, doch ist die Tat auch nicht rechtswidrig: »Es ist hier vom Rechte überhaupt nicht mehr die Frage[47]).«

Die Gedankengänge Fichtes werden in der Folgezeit diskutiert: zu ihnen bekennt sich vor allem Grolmann, wenn er in § 23 der »Grundzüge der Kriminalrechtswissenschaft« darlegt, daß im wahren Notstand »neben den Rechten des Verletzten« überhaupt oder neben bestimmten Rechten desselben die Koexistenz des Verletzers physisch unmöglich ist, und damit zwischen beiden ein rechtliches Verhältnis nicht denkbar sei[48]).

In den Grundzügen wird diese Meinung darüber hinaus geteilt von Schilling[49]), von Gros[50]), Schroeter[51]), Hufnagel[52]), Heffter[53]) und zunächst auch von Waechter[54]),[55]).

Die Lehre Fichtes ist von zwei Seiten her angreifbar. Zum einen, und das hat schon Waechter erkannt[56]), ist mit der Konzeption Fichtes eine besondere Verpflichtung zum Bestehen eines Notstandes nicht in Einklang zu bringen. Es würde das Recht, das z.B. für den Soldaten oder Seemann das Bestehen einer Notsituation fordert, eine Materie regeln, die ihm nicht mehr gemäß wäre. Damit aber läge keine rechtlich verbindliche Regelung vor. Zum anderen aber würde das Recht hier seiner eigentlichen Funktion der Ordnung von Lebenssachverhalten ausweichen. Die Konfliktsituation, in der Leben gegen Leben steht, ist zu bedeutsam, als daß das Recht sich überhaupt nicht um sie kümmern könnte[57]).

Das Recht würde zwar seiner Regelungsaufgabe bereits durch die Feststellung gerecht werden, es mißbillige die Handlung nicht. Damit wäre noch nicht gesagt, die Handlung sei rechtmäßig[58]). Aber auch diese Äußerung wäre bereits rechtliche Stellungnahme. Keinesfalls steht damit die Handlung dann noch außerhalb der Rechtsordnung.

---

47) ebendort S. 247
48) a.a.O. 4. Aufl.
49) a.a.O. S. 57
50) a.a.O. S. 22f.
51) a.a.O. I S. 145
52) a.a.O. S. 226
53) a.a.O. Art. 40
54) a.a.O. I §§ 55, 56
55) Vgl. auch: Bockelmann, »Hegel« a.a.O. S. 20–21; Janka S. 90ff. und Rabe S. 36ff.
56) Vgl. Sächs.-Thür. Strafrecht S. 360
57) Vgl. hierzu auch Binding, Handbuch a.a.O. S. 760; Henkel, Notstand a.a.O. S. 36; Stammler a.a.O. S. 41; v. Weber, Notstandsproblem a.a.O. S. 103; Weigelin a.a.O. GS 116/91
58) Zum Streit, ob es zwischen Rechtmäßigkeit und Rechtswidrigkeit noch eine dritte Möglichkeit gibt, bzw. ob es sinnvoll ist, rechtmäßig als Gegensatz von rechtswidrig zu bezeichnen derart, daß die Verneinung der Rechtswidrigkeit Bejahung der Rechtmäßigkeit bedeutet, vgl. unten S. 112f.

3. Feuerbachs Unzurechnungsfähigkeitstheorie

In konsequenter Anwendung seiner Theorie des psychologischen Zwanges[59]) kommt Feuerbach zu dem Ergebnis, der im Notstand Handelnde sei unzurechnungsfähig.

Die Zurechnung im Sinne Feuerbachs wird nämlich durch zwei Elemente bestimmt[60]). Das Verbrechen muß erstens als äußere Erscheinung in dem »Begehungsvermögen der Person seinen Grund haben«, sodann muß die Willensbestimmung des Täters auch innerlich, das ist im Gemüte des Handelnden dem Strafgesetz widersprechen. Das aber ist der Fall, wenn der Täter das Verbotsgesetz kannte und dennoch seine verbrecherische Willensbestimmung vorgenommen hat, obwohl er sich in einem Zustand befand, in dem er seinen Willen dem Strafgesetz gemäß bestimmen konnte[61]).

Daran soll es aber im Notstand fehlen. Denn dort, wo eine strafbare Tat das einzige Mittel für den Täter ist, sein Leben (oder »ein anderes unersetzliches persönliches Gut«) aus einer unverschuldeten Gefahr zu retten, ist, auch wenn er das Bewußtsein des Verbotes hatte, die »mögliche Wirksamkeit desselben auf das Begehren« aufgehoben. Der im Strafgesetz liegende psychologische Zwang ist hier nicht mehr fähig, den Täter vor dem Verbrechen zurückzuschrecken. Damit ist er nach Feuerbach unzurechnungsfähig[62]).

Die Ansicht Feuerbachs hat die Gedanken einer Reihe von Gelehrten nach ihm grundlegend beeinflußt. Bei allen Abweichungen und Abwandlungen im einzelnen folgten im Grundsatz Feuerbach Bauer[63]), Martin[64]), Salchow[65]) und Rosshirt[66]).

Auch Kleinschrod[67]), Jarcke[68]), Mittermaier[69]), von Hye[70]), Tittmann[71]) und Henke[72]) sowie bei aller Eigenständigkeit im übrigen in der Ausgangsbasis auch Temme[73]),[74]) stimmen Feuerbach zu.

Einwände gegen Feuerbachs Lehre sind wiederholt dargelegt worden[75]).

---

59) Vgl. im einzelnen hierzu Naucke a.a.O. S. 39ff.
60) Vgl. Feuerbach, Lb a.a.O. § 89
61) Vgl. ebendort § 85
62) Vgl. eingehend hierzu: Bockelmann, »Hegel« a.a. O. S. 16ff.; Jankaa. a.O. S. 92ff. und Rabe a.a.O. S. 26ff.
63) a.a.O. § 129
64) a.a.O. § 40
65) a.a.O. § 81
66) a.a.O. §§ 16, 25, 26
67) a.a.O. S. 271–274
68) a.a.O. §§ 20, 25
69) 14. Aufl. des Feuerbachschen Lehrbuchs § 9 Anm. 11
70) a.a.O. S. 192ff. (196)
71) a.a.O. § 97
72) a.a.O. § 52
73) a.a.O. S. 205f.
74) Zum Ganzen: Janka a.a.O. S. 97–141; Bockelmann, »Hegel« a.a.O. S. 20–21; Rabe a.a.O. S. 30–34
75) Vgl. hierzu: Bockelmann, »Hegel« a.a.O. S. 18–20; Janka a.a.O. S. 96; Moriaud a.a.O. S. 153

Zum einen ist die Notstandslehre Feuerbachs in sich widerspruchsvoll. Zwangsläufig ergibt sich nämlich die Feststellung, daß in allen Fällen einer Verbrechensausübung der Zwang des Täters zur Begehung des Verbrechens stärker ist als der Wille des Täters, sich dem Gebot des Gesetzes zu beugen. Konsequent durchgeführt müßte die Theorie vom psychologischen Zwang zur Auflösung des Strafrechts führen.

Zum anderen aber gelang es Feuerbach nicht, eine allgemeine Notstandslösung zu finden. Er gibt lediglich einen Katalog einzelner Handlungen[76]). Wann und wieweit aber unter Umständen eine Rechtspflicht zum Bestehen der Notstandssituation begründet ist, das kann Feuerbach genausowenig deuten wie z.B. Fichte.

4. Die Lehre Hegels

Von großem Einfluß auf die Entwicklung eines Notrechts war fraglos die Stellungnahme Hegels. Er gibt demjenigen, dessen Leben in Gefahr ist, der sich aber unter Verletzung fremden Eigentums retten kann, ein Notrecht: »Indem auf der einen Seite die unendliche Verletzung des Daseins und darin die totale Rechtlosigkeit, auf der anderen Seite nur die Verletzung eines einzelnen beschränkten Daseins der Freiheit steht, wobei zugleich das Recht als solches und die Rechtsfähigkeit des nur in diesem Eigentum Verletzten anerkannt wird[77]).«

Damit billigt Hegel dem Täter immer dann ein Notrecht zu, wenn dieser zur Erhaltung eines Gutes handelt, dessen Vernichtung die größere Rechtsverletzung bedeuten würde. Mit anderen Worten: Hegel kennzeichnet die Wahrung des überwiegenden Interesses als rechtmäßig[78]).

Wie wesentlich auch immer die Stellungnahme Hegels für die Entwicklung des übergesetzlichen Notstandes geworden ist, seine Gedanken können dennoch nicht für die Erhellung der hier untersuchten Problemlage herangezogen werden. Er beschränkt die Erörterung des Problems nämlich allein auf die Kollision höher- und minderwertiger Rechtsgüter.

Insoweit die Anhänger Hegels das Notrecht gleichfalls nur in dem von Hegel gesteckten Rahmen behandeln, wie z.B. Abegg, Köstlin, Levita, Marezoll und Hälschner[79]), erübrigt sich eine Auseinandersetzung mit ihnen. Das gleiche gilt für die Gegner Hegels, die ein Notrecht selbst in diesen engen Grenzen bestritten; so z.B. Herbart, Geyer und Geib[80]).

5. Berner, Wessely und Schaper

Noch unter dem Einfluß Hegels, aber schon in gewissem Abstand zu diesem steht Berner. Wie Hegel erklärt er die Rettung von Leib und Leben auf

---

[76]) Vgl. Lb a.a.O. § 91
[77]) a.a.O. § 127
[78]) Vgl. eingehend: Bockelmann, »Hegel« a.a.O. S. 21f.
[79]) Vgl. ebendort S. 57–63
[80]) Vgl. eingehend: Rabe a.a.O. S. 51–52 und S. 48

Kosten des Eigentums für rechtmäßig[81]). Er geht aber in seinen Überlegungen bereits weiter. Im Falle der Kollision gleichwertiger Güter will Berner zwar ein Notrecht nicht anerkennen. In der inneren Bedrängnis des Täters sieht er aber nicht nur einen Strafmilderungsgrund. Er nennt die Tat des Karneades »nicht verbrecherisch«. Zwar soll das nicht bedeuten, die Tat sei rechtmäßig, doch könne sie entschuldigt werden, wenn lediglich einem Menschen von heroischem Geiste zugemutet werden könne, die Gefahr zu bestehen[82]). Heroisch ist ein Mensch in diesem Sinne, wenn sein edler Charakter es ihm gebietet, auch in äußerster Not das eigene Wohl hinter das fremde zu stellen, wenn das Gesetz es verlangt[83]). Damit ist ein Entschuldigungsgrund in der heutigen Terminologie anerkannt. Grundsätzlich fordert das Gesetz eine andere Haltung. Es berücksichtigt aber, daß der durchschnittliche Rechtsunterworfene hinter dieser Forderung zurücksteht. Ob und warum allerdings der Gesetzesbefehl stets und grundsätzlich dahingeht, die Notsituation zu bestehen, führt Berner nicht aus. Dies wird vielmehr vorausgesetzt. Zu seiner Lehre ist daher zu sagen, daß ihr sicher dann zuzustimmen ist, wenn die Prämisse bezüglich des Ansinnens des Gesetzgebers zuträfe. Ob sie aber zutrifft, ist gerade zu untersuchen. Hier nun führen die Darlegungen Berners nicht weiter[84]).

Im Ausgangspunkt stimmt Wessely mit Berner überein. Auch er geht von einer zweispurigen Notstandstheorie aus. Bezüglich der Kollision von Leben und Leben billigt er genau wie Berner dem Täter Straflosigkeit für die Rettungshandlung zu. Doch sollen dafür nicht streng juristische, sondern nur kriminalpolitische Gründe maßgebend sein. Wessely findet diese in der »unabweislich gebotenen psychologischen Berücksichtigung der Schwäche der menschlichen Natur«[85]).

Den Ausführungen Wesselys ist nicht zu entnehmen, inwieweit und welche Schwächen der menschlichen Natur berücksichtigt werden sollen. Der Bezug auf die »kriminalpolitischen Gründe« verweist aber bei der Einordnung mehr auf einen Strafausschließungs- denn auf einen Entschuldigungsgrund. Schwerlich ist einzusehen, warum dann, wenn das Recht bestimmte Forderungen aufstellt, denen auch der Durchschnittsrechtsgenosse nachkommen kann und soll, auf die Strafe verzichtet wird, wenn der Rechtsunterworfene hinter den Forderungen des Rechts zurückbleibt. Es ist daher Bockelmann[86]) durchaus zuzustimmen, wenn er darlegt, Wessely erreiche den Standpunkt Berners noch nicht einmal.

Über Berner hinaus kommt allerdings Schaper[87]). Im Falle der Kollision gleichwertiger Güter mag es nach seiner Ansicht ein Anspruch der Sittlichkeit sein, vom einzelnen zu verlangen, sein eigenes Gut zum Wohle des

---

81) Lb a.a.O. § 57 Ziff. 1
82) De impunitate a.a.O. S. 12
83) ebendort S. 13
84) Vgl. auch Bockelmann, »Hegel« a.a.O.S. 63–65; Janka a.a.O. S. 161ff.; Rabe a.a.O. S. 48ff.
85) a.a.O. S. 17
86) »Hegel« a.a.O. S. 66
87) a.a.O. S. 132ff.

gleichen Gutes eines anderen zu opfern. Einen dahingehenden Rechtsanspruch gebe es aber nur dort, wo der einzelne sich einer Mehrheit gegenüber befinde, die er gefährdet. Damit erkennt Schaper ein Notrecht an. Die Rettungshandlung zur Erhaltung eigener gleichwertiger Güter ist nicht rechtswidrig.

IV. Zusammenfassende Übersicht

Blicken wir zurück auf die historische Entwicklung der Problemlage, so stellen wir fest, daß die Problematik der Pflichtenkollision als Pflichtenwiderstreit nicht erkannt wurde. Allein eine Fallkonstellation des Pflichtenauslegungskonflikts wird gesehen und erörtert: Die Rettung des eigenen Lebens unter gleichzeitiger Tötung eines Unschuldigen. Daneben bildet sich das Prinzip des übergesetzlichen Notstandes immer klarer heraus, wobei allerdings Grundlage der Erörterung ein Vergleich der betroffenen Rechtsgüter ist. Die Rechtmäßigkeit der Wahrung höherrangiger vor minderwertigen Interessen wird mit ständig größerem Nachdruck gefordert. Die Autorität bedeutender Philosophen und Strafrechtler steht hinter dieser Forderung.

Demgegenüber muß die Stellungnahme zur Bewertung gleichrangiger Interessen im Konflikt undifferenziert erscheinen. Der Gedanke der Straflosigkeit des Notstandstäters, der sein eigenes Leben auf Kosten des Lebens eines anderen rettet, greift zunehmend Raum. Eine dogmatische Begründung der Straflosigkeit, die grundsätzlich Anerkennung und Zustimmung findet, wird aber nicht gefunden. So stehen sich bei Inkrafttreten des geltenden StGB drei Meinungen gegenüber:

1. Der Täter handelt nicht rechtswidrig.
2. Der Täter handelt rechtswidrig, ist aber entschuldigt.
3. Der Täter handelt rechtswidrig und schuldhaft, doch steht ihm ein Strafausschließungsgrund zur Seite.

Keine dieser Meinungen vermag so zu überzeugen, daß die anderen Ansichten demgegenüber zurücktreten. Sie stehen vielmehr gleichrangig nebeneinander.

B. DER HEUTIGE STREITSTAND

I. Herkömmliche Lösungswege

Das geltende Strafgesetzbuch stellt klar, daß die Notstandshandlung straflos ist, § 54 (§ 52 für den Nötigungsnotstand). Es äußert sich aber nicht darüber, ob die Handlung nicht rechtswidrig oder entschuldigt oder lediglich straflos ist, weil dem Täter ein Strafausschließungsgrund zur Seite steht. § 54 StGB bestimmt nämlich, daß eine strafbare Handlung »nicht vorhanden« ist, wenn die Handlung in einem unverschuldeten, auf eine andere Weise nicht zu beseitigenden Notstande zur Rettung aus einer gegenwärtigen Gefahr für Leib oder Leben des Täters oder eines Angehörigen begangen worden ist.

Das Fehlen eines klaren Hinweises auf den Grund der Straflosigkeit hat der Wissenschaft Raum für einen erbitterten Meinungsstreit gegeben. Dieser kann heute noch keineswegs als entschieden angesehen werden. Entsprechend dem historischen Ausgangspunkt stehen sich die drei herkömmlichen Ansichten über die Rechtsnatur der Notstandshandlung nach wie vor gegenüber.

Damit aber wird nur ein Teil jener Kollisionen zwischen Leib und Leben erfaßt, nämlich jener, wo Leib oder Leben des Täters oder eines Angehörigen in Gefahr ist. Handelt der Täter zur Rettung des Lebens Dritter, so läßt sich die Handlung nicht mehr unter § 54 subsumieren. Diese Problematik ist nicht besonders im StGB geregelt. Damit ist hier dem Theorienstreit ein weiterer Raum eröffnet.

1. Zur Rechtsnatur der Notstandshandlung im Sinne von § 54 StBG

a) Dem Täter steht ein Strafausschließungsgrund zur Seite

Als Anhänger dieser Ansicht sind zu nennen: Finger[88]), Neubecker[89]), Beling[90]), Doerr[91]), Olshausen[92]) und Peters[93]). Für sie besteht kein Zweifel, daß »die Pflichtverletzung in Not eine rechtlich mißbilligte Pflichtverletzung, daß das Notdelikt in objektiver und subjektiver Hinsicht ein Delikt ist«[94]). Die Rechtsordnung fordere hier, wie überall, Gehorsam ihren Bestimmungen gegenüber, die Strafe werde aber aus Gnade, Verzeihung oder Mitleid erlassen.

Mit dem Argument, § 54 StGB erfasse nicht die Fälle der Kollision von Leben gegen Leben, weil der Gesetzgeber diese Konstellation gar nicht

---

88) a.a.O. I S. 421, 428
89) a.a.O. S. 117
90) Grundzüge a.a.O. S. 32–33
91) a.a.O. S. 68
92) a.a.O. 10. Aufl. § 52 Ziff. 14
93) JR 1950/742 ff. insbes. 746
94) Neubecker a.a.O. S. 117

gesehen habe, vertritt Oehler die Ansicht, § 54 StGB sei zwar als Entschuldigungsgrund anzusehen, im Falle jeglicher Kollision zwischen Leben und Leben könne aber nur ein Strafausschließungsgrund Platz greifen[95]).

Es mag hier dahinstehen, welche Ansinnen die Rechtsordnung an den einzelnen stellen mag, wenn dessen eigenes Leben in Gefahr ist. Die Behauptung der Anhänger der Theorie vom Strafausschließungsgrund, daß die Rechtsordnung die Rettungshandlung verbiete, wenn ein Angehöriger des Täters betroffen ist, erscheint in jedem Falle unrichtig. Setzen wir den Fall, der Vater A sieht, daß sein schuldunfähiges Kind unter einen Lastzug geklettert ist, dessen Fahrer im Begriff ist, abzufahren und damit das Kind zu überfahren. A könnte dies verhindern, indem er den Tod des Fahrers verursacht. Er kann dem Schicksal aber auch den Lauf lassen. Soll – aus welchen Gründen im einzelnen, kann hier noch dahinstehen – wirklich gesagt werden, die Rechtsordnung fordere von A nicht nur, daß er sein Kind seinem Schicksal überlasse, nein, die Rechtsgemeinschaft mißbillige seine Rettungshandlung so stark, daß sie jedem Vater ein anderes Verhalten als die Rettung seines Kindes in dieser Situation ansinne? Schwerlich kann es überzeugen, daß lediglich Mildtätigkeit, Gnade und Barmherzigkeit maßgeblich dafür sein sollen, daß die an sich verwirkte Strafe nicht vollzogen werde. Wenn nämlich die Rechtsordnung überhaupt Bezüge an das Zusammenleben innerhalb der Familie knüpft, so doch aus der Gewißheit heraus, daß es sich hier um eine intime Gemeinschaft handelt, die einander weit enger verbunden ist als den anderen Rechtsgenossen. Dann aber liegt in der Anerkennung dieser Intimbeziehung auch die Verpflichtung zur Achtung und Wahrung des Gemeinschaftsverhältnisses. Nur so kann Artikel 6 GG sinnvoll gesehen werden. Die Rechtsordnung kann damit nicht fordern, daß das einzelne Familienmitglied das Leben des anderen hinter das eines anderen Rechtsgenossen zurückstellt. Insofern ist daher der Ansicht, § 54 StGB stelle schlechthin einen Strafausschließungsgrund dar, nicht zu folgen. Sie wird der gegebenen Rechtssituation nicht gerecht. Gleichfalls vermag die Ansicht Oehlers nicht zu überzeugen. Eine objektive Auslegung des § 54 StGB gibt keinen Anhaltspunkt für die von ihm vertretene Beschränkung des Anwendungsbereiches des § 54. Wenn aber die grammatische, systematische und auf Sinn und Zweck des Gesetzes ausgerichtete Auslegung eindeutig sind, ist der Wille des historischen Gesetzgebers bedeutungslos[96]).

b) Es fehlt an der Schuld des Täters

Diese Auffassung entspricht der heute herrschenden Meinung. Zu ihr bekennen sich Dohna[97]), von Liszt-Schmidt[98]), Hegeler[99]), Frank[100]),

---

[95]) JR 1951/492ff.
[96]) Vgl. BVerfG in NJW 1960/235; BGH NJW 1962/1719 (1720)
[97]) a.a.O. S. 127
[98]) a.a.O. S. 285
[99]) ZStW 36/215
[100]) a.a.O. § 54 Anm. II

Niethammer[101]), Mezger[102]), Sauer[103]), Lange[104]), Schröder[105]), Henkel[106]), Welzel[107]), Dreher-Maassen[108]), Bockelmann[109]) sowie im grundsätzlichen Ausgangspunkt Jagusch[110]) und Maurach[111]). Die Stellungnahme der Rechtsprechung entspricht der herrschenden Meinung[112]).

Sieht man das Wesen der sog. Entschuldigungsgründe[113]) darin, daß der Gesetzgeber in den von ihnen umfaßten Situationen grundsätzlich ein anderes Verhalten fordert, aber Verständnis zeigt, wenn der einzelne so handelt, wie der Durchschnittsrechtsgenosse in der gleichen Situation, so überzeugt die herrschende Meinung wenig. Gewiß, es kann sein, daß z.B. im Karneades-Fall demjenigen höchstens ein Entschuldigungsgrund zur Seite steht, der den anderen von der Planke stößt. Auch mag die Entscheidung der Rechtsordnung in der Situation des Vaters, der sein Kind nur retten kann, wenn er dabei einen Unschuldigen zu Tode bringt, zweifelhaft erscheinen. Es gibt aber auch Fälle, in denen die Ansinnen der Rechtsordnung eindeutig sind. Besonders klar wird dies m.E. in dem Bergsteiger-Fall. Ist B, der mit A durch ein Seil verbunden ist, abgestürzt, und kann A ihn nicht wieder heraufziehen, sondern droht vielmehr selbst in den Abgrund zu gleiten, so kann über das Ansinnen der Rechtsordnung kein Streit bestehen. Möglichkeiten des A, das eigene Leben und das des B zu retten, gibt es nicht. A hat allein die Chance, sein Leben zu bewahren, wenn er das Seil kappt. Eine Pflicht, das eigene Leben zu opfern, nur weil ein anderer zu Tode kommt und man ihm nicht helfen kann, kennt unsere Rechtsordnung aber nicht. Jeder Rechtsgenosse würde daher anstelle des A wenigstens das eigene Leben retten, und das muß die Rechtsordnung ihm auch gestatten. Das Opfer des eigenen Lebens wäre hier sinnlos. Damit handelt A, wenn er das Seil kappt, derart, daß ihm die Rechtsordnung keinen Vorwurf macht. Seine Tat ist damit nicht nur entschuldigt, sondern noch nicht einmal rechtswidrig.

Daß gerade Welzel diesen Fall als Standardbeispiel einer Entschuldigung nach § 54 anführt[114]), läßt erstaunen. Dieses Ergebnis ist mit einer personalen Unrechtslehre nicht in Einklang zu bringen. Es ist nur dann folgerichtig, wenn man von der personalen Unrechtslehre absieht und vom Schuldbegriff Welzels her argumentiert. »Rechtsschuld«, schreibt Welzel, »ist

---

[101]) Olshausen 12. Aufl. § 54 Anm. 1
[102]) Lb a.a.O. S. 367 in Abänderung seiner früher – GS 89/311 – vertretenen Ansicht, die Rechtswidrigkeit entfalle; desgl. StuB AT a.a.O. S. 202
[103]) a.a.O. S. 124
[104]) Kohlrausch-Lange a.a.O. § 54 Anm. 1
[105]) Schönke-Schröder a.a.O. Rn. 1 § 54
[106]) Notstand a.a.O. S. 27f.
[107]) Lb a.a.O. S. 161
[108]) a.a.O. § 54 Anm 1
[109]) Strafrechtliche Untersuchungen a.a.O. S. 85
[110]) LK I a.a.O. § 54 Anm. 1
[111]) Lb AT a.a.O. S. 311
[112]) Vgl. RGSt 64/31, 66/225; BGHSt 2/243
[113]) Zur eigenen Ansicht vgl. oben S. 35f.
[114]) Lb a.a.O. S. 164

bestimmte soziale Vorwerfbarkeit der Tat; wo diese soziale Vorwerfbarkeit fehlt, weil jeder andere Rechtsgenosse anstelle des Täters ebenso handeln mußte, fehlt es auch an einer Rechtsschuld[115]).«

Nach der hier herausgearbeiteten Begriffsbestimmung ist damit aber das personal-soziale Unwerturteil, d.h. das Rechtswidrigkeitsurteil gefällt, nicht aber der Inhalt des Schuldvorwurfs umrissen.

Der herrschenden Meinung, daß § 54 – ausgenommen die Fälle des übergesetzlichen Notstandes – stets einen sog. Entschuldigungsgrund bilde, kann daher nicht zugestimmt werden.

c) Die Tat ist nicht rechtswidrig

Diese Ansicht tritt in zwei Varianten auf. Die einen, nämlich Stammler[116]), Kohler[117]), Wolter[118]), von Hippel[119]), Oetker[120]), Allfeld[121]), Hold von Ferneck[122]), Gerland[123]) und Wachenfeld[124]), nennen die Notstandstat rechtmäßig. Dem Täter wird z.T. ein subjektives Recht auf die Verletzung des anderen zugestanden. Die anderen lehnen eine Kennzeichnung der Handlung als rechtmäßig ab. Sie begnügen sich mit der Feststellung, der Handlung hafte kein rechtliches Unwerturteil an. Sie sei jedenfalls nicht rechtswidrig. Diese Meinung begründete Binding[125]). Ihm folgten von Weber[126]), von Ammon[127]), H.A. Fischer[128]), Weigelin[129]), H. Mayer[130]) und zunächst auch Maurach[131]).

Im Ausgangspunkt der Argumentation stimmen beide Meinungen überein. Eine objektive Wertung sei in einem Notstandsfall nicht mehr möglich, daher enthalte sich die Rechtsordnung jedes mißbilligenden Urteils über die Tat[132]).

Dieser Lehre ist von dem hier vertretenen Standpunkt her insoweit zu folgen, als es in der Tat Notstandshandlungen gibt, die der Gesetzgeber nicht mißbilligt. Damit bleibt aber die Frage unbeantwortet, ob die Betrachtung der möglichen Fallagen jeweils zu demselben Urteil führen muß. Dies ist zu bestreiten. Daß die Rechtsordnung sich eines grundsätzlich mißbilli-

---

115) a.a.O. ZStW 63/54
116) a.a.O. S. 75
117) ARWPh 8/432ff.
118) ARWPh 22/66ff.
119) Lb a.a.O. S. 234
120) Frank-Festschrift a.a.O. I S. 367
121) a.a.O. S. 130
122) a.a.O. II S. 144
123) a.a.O. S. 38
124) a.a.O. S. 122
125) Handbuch a.a.O. S. 765
126) Notstandsproblem a.a.O. S. 35
127) a.a.O. S. 24ff.
128) a.a.O. S. 241
129) a.a.O. GS 116/97f.
130) a.a.O. S. 189
131) Notstandslehre S. 99
132) Vgl. statt vieler H. Mayer a.a.O. S. 191

genden Urteils nicht in jedem Notstandsfall enthält, zeigt besonders deutlich der Plankenfall. Gewiß, es mag frivol erscheinen, dem auf der Planke Sitzenden den Rechtfertigungsgrund der Besitzwehr nach § 859 BGB zuzuerkennen. Dennoch ist diese Lösung von der Sache her keineswegs falsch. Es besteht nämlich ein erheblicher Unterschied in der jeweiligen Situation der beiden Gefährdeten[133]). Richtet man allerdings den Blick nur auf den Besitz als solchen, so erscheint eine Differenzierung unangemessen. Im Verhältnis zur Lebensgefahr muß allerdings der Besitz eines Brettes nur gering ins Gewicht fallen. Hier steht doch aber nicht der übliche Handelswert eines Brettes in Frage. Der Besitz der Planke bedeutet eine erhebliche Chance der Lebensrettung. Lebensrettungschance und Besitzstand bilden eine unlösliche Einheit. Indem der Besitzer vom Brette gestoßen wird, verliert er nicht nur einen geldwerten Gegenstand, vielmehr wird seine Chance zu überleben erheblich verschlechtert. Der im Wasser Schwimmende maßt sich hier die Befugnis an, zu seinen eigenen Gunsten über das Leben des anderen zu verfügen, indem er diesem die Chance nimmt und sie egoistisch nutzt. Da aber beide Menschen als gleichwertig gesehen werden müssen, kann die Rechtsordnung keinem einen Anspruch einräumen, Rechte und Chancen eines anderen beliebig zu mißachten. Die Rechtsgemeinschaft muß daher die Handlung desjenigen mißbilligen, der den Besitzer von der Planke stößt. Selbst wenn der durchschnittliche Rechtsgenosse in gleicher Situation nicht anders handeln würde, kann die Rechtsordnung diese Handlung nicht billigen. Sie muß es vielmehr in ihrer Funktion, das Miteinander zu ordnen und vorzuzeichnen, mißbilligen, daß jemand – sei es auch im Falle extremer Not – sich willkürlich die Position eines anderen anmaßt. Dann kommt aber ein Ausschluß der Rechtswidrigkeit nicht mehr in Betracht. Insoweit kann daher nicht der Ansicht gefolgt werden, § 54 StGB stelle in jedem Falle einen Rechtfertigungsgrund dar.

2. Die Beurteilung der Handlungen zur Rettung des Lebens Dritter

Die dogmatische Einordnung der Notstandshandlung im Sinne des § 54 StGB zeigt bereits ein verwirrendes Bild vielfältiger Meinungen. Dies wird noch erhöht und erweitert, bezieht man in den Kreis der zu betrachtenden Konstellationen die Fälle ein, in denen der Handelnde einem Dritten, der nicht Angehöriger ist, in Lebensgefahr beispringt, wobei es zum Verlust anderer Menschenleben kommt. Keinesfalls entspricht hier die jeweilige Einordnung der Stellungnahme zur Rechtsnatur des § 54 StGB.

In der Bewertung der Handlungen der Ärzte im Rahmen der Euthanasieaktion des Dritten Reiches[134]) kommt z. B. Mezger, der in § 54 StGB einen Entschuldigungsgrund sieht, zu dem Ergebnis, hier fehle es an der Rechtswidrigkeit[135]). Von Weber hingegen, der § 54 grundsätzlich als Rechtfer-

---

[133]) a. A. Weigelin a. a. O. GS 116/97 und Siegert a. a. O. S. 34 Anm. 5
[134]) Vgl. oben S. 2
[135]) LK I a. a. O. § 51 Vorbem. 10 S. 353

tigungsgrund einordnet, löst die Problematik hier im Rahmen der Schuld[136]). Schröder wiederum[137]) stimmt im Falle der Anstaltstötungen der herrschenden Meinung bezüglich der Entschuldigung zu. Im Bergsteiger-Fall aber – A kappt das Seil, das den abgestürzten B mit C verbindet, und verhindert dadurch, daß auch C in den Abgrund gezogen wird – entscheidet Schröder sich für die Rechtfertigung[138]). Welzel schließlich, der im Falle der Euthanasieaktion für eine übergesetzliche Entschuldigung eintritt, begründet dies damit, daß die Rechtsgemeinschaft dem Täter den Vorwurf der Rechtsschuld nicht machen kann. »Denn wenn der Täter und an seiner Stelle jeder andere Rechtsgenosse richtig gehandelt hat, als er geringere sittliche Schuld auf sich nahm, um größeres Unheil zu verhüten und damit größerer sittlicher Schuld zu entgehen, kann kein Richter den Täter für schuldig vor der Rechtsgemeinschaft befinden, wenn er selbst nicht anders hätte handeln dürfen als der Täter gehandelt hat.« . . »Rechtsschuld ist bestimmte soziale Vorwerfbarkeit der Tat; wo diese soziale Vorwerfbarkeit fehlt, weil jeder andere Rechtsgenosse anstelle des Täters ebenso handeln mußte, fehlt es auch an einer Rechtsschuld.«[139])

Ähnlich begründet auch Eb. Schmidt die Entschuldigung des Täters, indem er darlegt: »Nichtvorwerfbarkeit aber bedeutet mangelnde Schuld.«[140])

Es soll nicht bestritten werden, daß unter diesen Umständen von einer Rechtsschuld des Täters nicht gesprochen werden kann. Aber gerade, wenn das Unwerturteil an dem personalen Unrechtsbegriff gemessen wird, ist – unterstellt, Welzel und Eb. Schmidt haben recht mit der Behauptung, die soziale Vorwerfbarkeit entfalle – das Ergebnis zwingend, es mangele bereits an der Rechtswidrigkeit, weil die Rechtsgemeinschaft das Verhalten des Täters nicht abfällig bewerten könne.

Damit rundet sich das Bild einer Vielfalt von Einzelfallösungen, die weniger auf der Anwendung tragender Prinzipien als vielmehr auf dem zum Teil guten Judiz für die Entscheidung des Einzelfalles begründet sind. Schwerlich vermag die Argumentation Schröders zu überzeugen, im Bergsteiger-Fall wären ohne Rettungshandlung beide Kletterer verloren; im Falle der Anstaltstötung läge aber eine quantitative Abwägung vor. Im ersten Falle wäre daher eine Rechtfertigung, im letzteren Entschuldigung maßgeblich[141]).

Unstreitig wären doch auch im Falle der Anstaltstötungen alle Patienten ohne die Handlung der Ärzte verloren gewesen. Eine Differenzierung unter diesen Gesichtspunkten überzeugt daher nicht.

Genausowenig ist einsichtig, warum Mezger in § 54 StGB einen Schuldausschließungsgrund sieht[142]), wenn er andererseits meint, die Rechts-

---

[136]) Vgl. oben S. 2 Anm. 14
[137]) Vgl. oben S. 2 Anm. 13
[138]) Schönke-Schröder a.a.O. § 51 Vorbem. 48 S. 325
[139]) a.a.O. ZStW 63/54
[140]) a.a.O. SJZ 1949/569
[141]) Schönke-Schröder a.a.O. Vorbem. 48 und 83 vor § 51 S. 325, 333
[142]) Lb a.a.O. S. 367, StuB AT a.a.O. S. 202

widrigkeit entfalle sowohl im Karneades- als auch im Holmes- und Mignonette-Fall[143]). Zumindest eine Alternative des Plankenfalles – der Schwimmer versucht, den anderen von der Planke zu stoßen – wie auch der Mignonette-Fall[144] müssen doch als typische Situationen des § 54 StGB anerkannt werden.

Mögen auch einzelne der Fallösungen zutreffen: Aus der unterschiedlichen Behandlung von Einzelfällen allein können keine tragenden Gesichtspunkte für eine umfassende Lösung der Problematik hergeleitet werden.

II. Die »existentielle Lösung« Ends

Es fällt ins Auge, daß auf den bekannten Wegen einzelne Problemlagen eine durchaus sachgerechte Lösung finden können. So ist es weniger der Zweifel an der jeweils einzelnen Einordnung und Lösung einer Pflichtauslegung, als vielmehr der Anspruch der Allgemeingültigkeit für alle denkbaren Problemlagen, welcher die Kritik und Ablehnung der herkömmlichen Theorien herausfordert. Diesem Mangel der bekannten Theorien scheint eine Meinung aus neuester Zeit zu begegnen. In einer existentiellen Lösungsmöglichkeit versucht End[145]) die Erhellung des Problems, wobei er auf den Gedankengängen Jaspers aufbaut.

In der Situation der Pflichtenkollision, wobei End darunter offenbar den Pflichtenauslegungskonflikt versteht, sieht End eine Grenzsituation im Sinne von Jaspers. Dieser nämlich unterscheidet in seiner Philosophie zwischen Situation und Grenzsituation: Er geht davon aus[146]), daß das Dasein des Menschen ein Sein in Situationen ist. Der Mensch kann niemals aus einer Situation heraus, ohne »in eine andere einzutreten«[147]).

Jedes Einflußnehmen auf die konkrete Wirklichkeit, jeder Versuch ihrer Gestaltung bedeutet lediglich den Ansatz, Situationen zu verwandeln. Die Folge eines jeden derartigen Handelns ist eine neue Situation, in der sich der einzelne befindet, die er wiederum planend ändern und verwandeln kann. »Das In-der-Situation-Sein ist nicht aufhebbar.«[148])

Die Grenzsituation hingegen beherrscht der Mensch gerade nicht. Er ist vor eine Lage gestellt, die er nicht mehr frei aufheben, wandeln kann. Solche Situationen sind Tod, Leid und Kampf. »Situationen wie die, daß ich immer in Situationen bin, daß ich nicht ohne Kampf und Leid leben kann, daß ich unvermeidlich Schuld auf mich nehme, daß ich sterben muß, nenne ich Grenzsituationen. Sie wandeln sich nicht, sondern nur in ihrer Erscheinung; sie sind auf unser Dasein bezogen, endgültig. Sie sind nicht überschaubar; in unserem Dasein sehen wir hinter ihnen nichts anderes mehr. Sie sind wie eine Wand, an die wir stoßen, an der wir scheitern.«[149]) Als mögliche Ver-

---

[143]) LK I a.a.O. Vorbem. 10 vor § 51 S. 353
[144]) Vgl. zum Sachverhalt des Holmes- und Mignonette-Falles oben S. 1–2
[145]) Existentielle Handlungen im Strafrecht a.a.O.
[146]) Vgl. Philosophie II a.a.O. S. 201 ff.
[147]) ebendort S. 203
[148]) ebendort S. 203
[149]) daselbst S. 203

haltensweisen in der Grenzsituation sieht Jaspers zwei Wege. Zunächst mag man versuchen, vor der Grenzsituation die Augen zu schließen, ihr auszuweichen, ihr durch Plan und Berechnung zu begegnen. Damit umgeht der Mensch die Grenzsituation aber nicht. Er sieht sich im Gegenteil letztlich allein gezwungen, sich ihr zu ergeben. Nunmehr kann er vor dem Nichts verzweifeln oder aber die Möglichkeit nutzen, zu der ihm eigenen Existenz zu finden, indem er nämlich offenen Auges in die Grenzsituation eintritt. »In der Erfahrung der Grenzsituation geht der Weg zum Nichts oder zum Sein.«[150])

Dann eröffnet sich der Weg zum Selbstbewußtsein. Dieser vollzieht sich in drei Sprüngen. Gelingt er, so führt er aus der existentiellen Angst in die »Klarheit der Transzendenz«, die »Seinsgewißheit der Existenz«. Der Mensch findet innere Ruhe und Entspannung. Die Kollision hat sich gelöst. Der Weg liegt klar im Felde möglicher Entscheidungen. Die nunmehr einzig noch mit verbindlicher Kraft erfahrene Pflicht fordert zur Handlung, d.h. zur sog. unbedingten Handlung. Diese Forderung ist nunmehr nämlich »die Forderung meines eigentlichen Seins an mein bloßes Dasein. ... Ich werde meiner inne als dessen, was ich selbst bin, weil ich es sein soll. Dieses Innewerden steht dunkel am Anfang, hell am Ende meines unbedingten Tuns. Ist das Innewerden im Unbedingten vollzogen, so hört in der Gewißheit des Seinssinnes das Fragen auf – wenn auch in der Zeit alsbald das Fragen wieder entsteht und in verwandelter Situation die Gewißheit immer von neuem erworben werden muß.«[151]) »Das Unbedingte entscheidet, worauf zuletzt eines Menschen Leben ruht, ob es Gewicht hat oder nichtig ist. Das Unbedingte ist verborgen, nur im Grenzfall lenkt es durch stumme Entscheidung den Lebensweg, ist nie geradezu nachweisbar, während es doch in der Tat das Leben aus der Existenz allzeit trägt und ins Unendliche erhellbar ist.«[152])

Die unbedingte Handlung, begründet im eigentlichen Selbst, stellt zugleich aber höchste objektive Wertverwirklichung dar: »Im Handeln aus ihr ist der eigentliche Aufschwung der Existenz. Es ist wie die Errettung aus Chaos und nichtigem Zufall, wenn ich mich überwinde im Bewußtsein des selbsterkannten Sollens. Darin werde ich meines Selbstseins eigentlich gewiß, welches ich ohne Widerspruch als Dienst einer übergreifenden Ordnung erfahre. Gehorsam gegen mich selbst ist identisch mit dem Gehorsam gegen ein Übergreifendes, das ich doch auf keinem anderen Wege als durch mein Selbstsein erfahre als die Quelle des unbedingten Handelns in der Welt.«[153])

Aus der Einsicht heraus, daß es unmöglich ist, das Vorliegen unbedingter Handlungen gleichsam im Wege der Subsumtion zu erkennen, kommt End zu der m.E. unbestreitbaren Feststellung, daß Rechtfertigung und Entschuldigung unbedingten Handlungen im heutigen Rechtsdenken nicht als

---

[150]) ebendort S. 204

[151]) Einführung a.a.O. S. 54

[152]) ebendort S. 55

[153]) Philosophie II a.a.O. S. 330–331

solchen zukommen, sondern weil bestimmte tatbestandlich umrissene Verhaltensweisen zugleich als unbedingte Handlungen verwirklicht sein können[154]). Damit wird nach End aber die unbedingte Handlung nicht ihrer Bedeutung gemäß gewertet. Den Weg zu einer gemäßen Beurteilung glaubt End sodann in der existentiellen Kommunikation zu finden[155]).

Auch der Begriff der existentiellen Kommunikation entstammt dem philosophischen System Jaspers. Jaspers unterscheidet zwischen Daseinskommunikation und existentieller Kommunikation[156]). Die Daseinskommunikation meint das naive fraglose Dasein des Menschen in der Gemeinschaft mit den ihn umgebenden Menschen. In dieser Situation fragt der Mensch nicht nach seinem Sein. Hier fühlt er sich mit anderen verbunden, tut, was alle tun, glaubt, was alle glauben, und denkt, wie alle denken. »Meinungen, Ziele, Ängste, Freuden übertragen sich von einem zum anderen, ohne daß er es merkt, weil eine ursprüngliche fraglose Identifizierung aller stattfindet.«[157]) Da aber die Frage des Menschen nach seinem Sein innerhalb der Daseinskommunikation unbeantwortet bleibt, bietet diese Kommunikation letztlich ein gewisses Ungenügen. »Jedes Verlieren und Versagen in Kommunikation ist wie eigentlicher Seinsverlust. Sein ist Miteinandersein, nicht nur des Daseins, sondern der Existenz, dieses aber in der Zeit nicht als Bestehendes, sondern als Prozeß und Gefahr. Daher trifft so innerlich und leise, wie an die letzte Wurzel rührend, was mir in Kommunikation wird und ausbleibt. Und daher ist das Ungenügen an der schon wirklichen Daseinskommunikation der Stachel, der mich zu tieferer existentieller Kommunikation erweckt.«[158])

Allein in der existentiellen Kommunikation »werde ich mir mit dem Anderen offenbar. Dieses Offenbarwerden ist jedoch zugleich erst Wirklichwerden des Ich als Selbst.«[159]) . . . »Das Selbst hat seine Gewißheit in dieser Kommunikation als der absolut geschichtlichen von außen unerkennbaren.«[160]) So ist die existentielle Kommunikation letztlich ein Prozeß des beiderseitigen Selbstwerdens füreinander.

De lege ferenda müsse daher, so meint End[161]), dem Richter die Befugnis eingeräumt werden, sich mit dem Angeklagten in eine kommunikative Auseinandersetzung einzulassen. Dann werde der Richter die wahren Motive des Angeklagten, schließlich sogar dessen Existenz erfahren. Gemeinsam mit dem Täter die Idee der Gerechtigkeit erstrebend, kommt der Richter »im liebenden Kampfe« zu seinem gemäßen, da unbedingten Urteil, das entweder Freispruch oder Verurteilung zum Inhalt habe.

Wie sehr dieser Weg einer sittlichen Wertung unbedingter Entscheidun-

---

154) Vgl. a.a.O. insbes. S. 56ff.
155) a.a.O. S. 90ff.
156) Philosophie II a.a.O. S. 50ff.
157) ebendort S. 51
158) ebendort S. 58
159) ebendort S. 64
160) ebendort S. 58
161) a.a.O. S. 91ff.

gen auch gemäß erscheinen mag, gangbar ist er für eine rechtliche Wertung leider nicht.

Schon die Institutionalisierung der existentiellen Kommunikation in einem zwingbaren psychologischen Sachverhalt ist nicht mehr mit den Jasperschen Gedankengängen in Einklang zu bringen. Vieles spricht dafür, daß Jaspers mit seinen Darlegungen über die existentielle Kommunikation eine philosophische Deutung des »Unsäglichen« anstrebt, nicht aber einen realen vom Einzelwillen abhängigen Sachverhalt beschreiben will[162]).

So führt Jaspers u.a. aus: »Existentielle Kommunikation ist nicht vorzumachen und nachzumachen, sondern schlechthin in ihrer jeweiligen Einmaligkeit.«[163]) ... »Die Verwirklichung existentieller Kommunikation ist gebunden an ein nicht zu Erzwingendes, das ausbleiben kann, sie ist verknüpft mit einer objektiven Enge ihrer Erscheinung.«[164]) ... »Kommunikation hört nie auf eine kämpfende zu sein. Nur partikulär kann der Kampf zu einem Ende kommen, im Ganzen niemals: wegen der Unendlichkeit der Existenz, die in der Erscheinung nie sich vollendend, nicht aufhört zu werden, soweit sie auch kommt.«[165])

Aber selbst wenn die Kommunikation gelingt, bringt sie keineswegs das wahre, stets gültige, unbedingte Urteil hervor, wie End meint. »Kommunikation ist in der Zeit nur als die Gewißheit des Augenblicks, sie wird unwahr als festgehaltenes objektives Resultat und bleibt wahr als die aus ihm hervorgehende Treue.«[166])

Doch unterstellte man gar die Möglichkeit einer Kommunikation im Sinne Ends, der Rechtsfindung in einem Rechtsstaat überkommenen Sinnes könnte sie nicht gemäß sein. Öffentlichkeit des Verfahrens, Instanzenzug und Richterkollegium ständen der existentiellen Rechtsfindung unüberbrückbar im Wege. Die Rechtsfindung selbst aber würde nicht nur die intimste Persönlichkeitssphäre des einzelnen betreffen, nein, sie würde sich sogar ausschließlich in ihr abspielen. Richter und Angeklagter wären in einer Totalität in Anspruch genommen, wie sie keinem Staate zukommt. Der engste Kernbereich der Person ist staatlichen Eingriffen nämlich verschlossen[167]).

Eine Rechtsordnung kann daher weder an dem Begriff der unbedingten Handlung, noch dem der existentiellen Kommunikation anknüpfen: »Sie muß niedriger ansetzen und sich damit begnügen, existentielle Entscheidungen zu respektieren, soweit sie auch nicht existentielle Entscheidungen im einzelnen anerkennen kann.«[168])

---

[162]) Vgl. auch Evers a.a.O. JR 1960/371
[163]) Philosophie II a.a.O. S. 58
[164]) ebendort S. 58–59
[165]) ebendort S. 69
[166]) Philosophie II a.a.O. S. 69
[167]) Vgl. BVerfGE 6/32ff., insbes. S. 41
[168]) Evers a.a.O. JR 1960/371

3. Kapitel

Eigene Lösung

I. Ausgangsposition

Fragen wir nunmehr, inwieweit der Überblick über die historische Entwicklung und den derzeitigen Streitstand die Problemlage ihrer Lösung nähergebracht hat, so scheint die Ausbeute zunächst gering. Grundlegende Prinzipien zur Lösung der Pflichtenkollision und des Pflichtauslegungskonflikts waren nicht festzustellen. Die Forderung der Straffreiheit des Täters in den wesentlichen hier untersuchten Fallkonstellationen führt die Untersuchung nicht weiter. Nicht die Straffreiheit interessiert nämlich primär, sondern das Unwerturteil der Rechtsgemeinschaft und vor allem jene Sinngehalte, an welche dieses anknüpft. Gerade an dieser Stelle aber sind die Stellungnahmen von Lehre und Rechtsprechung umstritten, allgemein gebilligte Lösungswege bieten sich nicht dar.

Dennoch ist der Abriß der historischen Entwicklung nicht nutzlos gewesen. Deutlich wurde nämlich, daß es auf der einen Seite das Bemühen war, unterschiedliche Fallgestaltungen gleich zu behandeln, auf der anderen Seite aber der Versuch, jeden nur möglichen Einzelfall isoliert, weniger nach bestimmten Regeln als nach einer existentiellen Gesamtschau, zu werten, die einer sachgerechten Lösung entgegenstanden. Wurden die ersten Lösungen der Differenziertheit der Sinngehalte nicht gerecht, so konnte die letztere Methodik nicht mehr mit den Mitteln der Rechtsordnung verwirklicht werden.

Wenn aber wirklich, wie vorausgesetzt, die Pflichtwidrigkeit einer Handlung das Unwerturteil der Rechtsgemeinschaft über diese Handlung begründet, so gilt es zunächst, den Sinngehalt der einzelnen Pflichtensituationen zu umreißen. Das bedeutet, die Erörterung des Pflichtenkonflikts setzt zunächst eine klare Abgrenzung der einzelnen Pflichtensituationen voraus, wobei verhindert werden muß, verschiedene Sinngehalte unbesehen gleichen Regeln zu unterwerfen. So allein wird über den Weg der Pflichtenauslegung die Voraussetzung für die Beurteilung der Pflichtenkollision geschaffen.

Zu trennen ist daher bei der Wertung nicht nur zwischen den Fällen des § 54 StGB und jenen, in denen das Leben Dritter gerettet, der Tod anderer Rechtsgenossen aber verursacht wird. Zu differenzieren sind vielmehr schon diese Fallgruppen in sich, wobei maßgebliches Kriterium die Pflichtenstellung des einzelnen in der Sozietät sein muß. Unter diesem Gesichtswinkel erscheint es nämlich nur schwer verständlich, daß die Rechtsordnung Handlungen zur Rettung des eigenen Lebens genauso bewerten soll, wie die zur Wahrung des Lebens naher Angehöriger. Darüber hinaus ist es offensichtlich, daß auch dritte Rechtsgenossen dem einzelnen nicht nur fremd und isoliert gegenübertreten können, vielmehr der Blickwinkel sich ändert, wenn das Leben einer dem Täter anvertrauten Person betroffen ist.

Unterschieden wird demgemäß im weiteren Gang der Untersuchung die Erörterung von Handlungen zur Rettung

a) des eigenen Lebens (II),
b) des Lebens bestimmter naher Angehöriger (III),
c) des Lebens schutzbefohlener Dritter (IV) und
d) des Lebens Dritter (V),

wobei vorausgesetzt wird, daß die Rettungshandlung zugleich den Tod anderer Personen zur Folge hat.

II. Handlungen zur Rettung des eigenen Lebens

1. Dritte Rechtsgenossen kommen zu Tode

a) Lösungsweg

Folgen wir der Tradition und nehmen zum Ausgangspunkt unserer Betrachtungen den Karneades-Fall in seinen beiden Varianten:

aa) Der auf der Planke Sitzende stößt den Schwimmer zurück, so daß dieser ertrinkt.

bb) Der Schwimmer stößt den Besitzer vom rettenden Brett, so daß dieser ertrinkt.

Gewährte die geltende Rechtsordnung dem in der Not Handelnden stets ein Recht, das eigene Leben zu retten, so gäbe es zwischen beiden Fallgestaltungen keinen Unterschied in der rechtlichen Würdigung. Ein Unwertsurteil könnte an die jeweilige Verhaltensweise des Täters nicht geknüpft werden.

Eine Rechtsposition für derartige Handlungen könnte zu Gunsten des Täters begründet sein in Art. 2 Abs. 2 GG, der ein Recht auf Leben und körperliche Unversehrtheit garantiert, und zwar sowohl für das Opfer als auch für den Täter. Die Anerkennung solcher Garantie hieße nicht, dem jeweils Betroffenen eine Duldungspflicht aufzuerlegen. Es wäre nur klargestellt, daß die Rechtsordnung die Tat des Überlebenden nicht mißbilligt, weil nämlich in dieser Situation nur ein Leben gerettet werden kann. Das bedeutet, die Rechtsgemeinschaft ginge davon aus, daß in Fällen extremer Not die Rettungshandlung nicht mit einem Unwerturteil belegt würde.

Schon bei der Kritik der überkommenen Lösungswege[1]) wurden Zweifel an der Richtigkeit einer derartigen Argumentation geltend gemacht. Ihnen gilt es nunmehr nachzugehen, denn nur schwerlich will es überzeugen, daß die Rechtsgemeinschaft der Durchsetzung des Selbsterhaltungstriebes einen so weiten Raum gewährt. Solcher Haltung müßte nämlich ein ganz bestimmtes Menschenbild zugrunde liegen: Jeder Rechtsgenosse wäre als isoliertes Einzelwesen anzusehen, jede innere Verbundenheit zwischen den einzelnen Mitgliedern der Rechtsgemeinschaft müßte fehlen. In dieser Situation nur könnte sich ein jeder der Tatsache bewußt sein, daß allein

---

1) Vgl. oben S. 69f.

Zweckmäßigkeitserwägungen ihn mit den anderen Rechtsgenossen verbinden. Erfordern es wesentliche Eigenzwecke, so stehen die Interessen der anderen zurück. Das heißt für die Situation, in der von zweien nur einer eine Chance hat zu überleben, wäre es unzweckmäßig für einen jeden, Lebenschancen des anderen zu beachten. Der Stärkere, Schnellere würde »mit Recht« überleben. Aus der Gleichheit der einzelnen Rechtsgenossen und dem Unvermögen der Rechtsordnung, sich für das Leben eines der beiden Notopfer zu entscheiden, wäre die Konsequenz in der Freigabe der Lösung zu Gunsten des Stärkeren zu sehen. Rechtens wäre es z. B. dann im Ballonfall[2]), daß derjenige der Ballonfahrer, der zuerst die Hoffnungslosigkeit der Situation für beide erkennt, blitzschnell den anderen über Bord wirft.

Aber diese Lösung bereitet Unbehagen. Sie beruht auf falschen Voraussetzungen: Innerhalb der Sozietät sind die Grundrechte dem einzelnen nämlich nicht als selbstherrlichem Individuum zur freien Verfügung eingeräumt, sondern sie dienen gerade der Betonung einer menschenwürdigen Stellung des einzelnen innerhalb der Gemeinschaft. Das Grundgesetz, wie die gesamte Rechtsordnung, ist eine wertgebundene Ordnung. Sie sieht den einzelnen nicht als isoliertes Einzelwesen, sondern als eine verantwortlich in der Gemeinschaft stehende und ihr vielfältig verpflichtete Persönlichkeit. »Das Grundgesetz hat die Spannung Individuum – Gemeinschaft im Sinne der Gemeinschaftsbezogenheit und -gebundenheit der Person entschieden, ohne dabei deren Eigenwert anzutasten[3]).« Vorausgesetzt, daß eine gewisse Eigenständigkeit der Persönlichkeit gewahrt bleibt, muß der einzelne sich diejenigen Schranken seiner Handlungsfreiheit gefallen lassen, die im Interesse der Pflege und Förderung des sozialen Zusammenlebens jeweils erforderlich und zumutbar sind[4]). Ausfluß des gleichen Gedankens sind innerhalb der Gesamtrechtsordnung z. B. §§ 138, 170a–d, 330c StGB sowie §§ 242, 826 BGB.

Mit einem solchen an bestimmten Werten ausgerichteten Menschenbild ist eine schrankenlose Anerkennung des Selbsterhaltungstriebes auch im Falle extremer Not nicht vereinbar. Das Gemeinschaftsverhältnis zwischen den Betroffenen löst sich nicht automatisch derart, daß die Rechtsgemeinschaft die Handlung zur Rettung des eigenen Lebens durch den Schnelleren jeweils billigt, bzw. auch nur von einem Unwerturteil über die Handlung absieht.

Sowohl im Ballon- als auch im Mignonette-Fall[5]) mißbilligt es die Rechtsgemeinschaft, wenn der stärkere Ballonfahrer den schwächeren als Ballast über Bord wirft, um Höhe zu gewinnen, bzw. wenn die weniger erschöpften Besatzungsmitglieder den Schiffsjungen erschlagen, um sich mit seinem Blut zu nähren. In derartigen Verhaltensweisen kommt ein solches Maß von

---

[2]) Vgl. oben S. 50

[3]) BVerfG NJW 1954/1235

[4]) Vgl. BVerfG NJW 1958/865, 1961/356; BVerwG NJW 1962/1532, insbes. 1533; Krüger DÖV 1961/725–726

[5]) Vgl. zum Sachverhalt oben S. 1–2

Egoismus zum Ausdruck, daß dessen Billigung unerträglich wäre. Hier wird nämlich vom Täter jede gemeinschaftliche Verbundenheit mißachtet. Der Täter verletzt willkürlich die Lebenschancen eines anderen, indem der Träger dieser Chancen vernichtet wird, bzw. der Täter die eigenen Lebenschancen dadurch erhöht, daß er in die Existenz und Position des anderen unter Leugnung jeglicher Verbundenheit eingreift.

Fragwürdig erscheint es allerdings nunmehr, wieweit die Mißbilligung der Rechtsgemeinschaft geht. Werden nur jene Verhaltensweisen mit einem Unwerturteil belegt, in denen der Handelnde durch Eingriff in die Lebenschancen des anderen diesen selbst vernichtet bzw. sich dessen Position bemächtigt, oder bereits alle Rettungshandlungen, die im konkreten Fall den Tod eines anderen Menschen verursachen? Besonders deutlich wird die Problematik dieser Fragestellung im Karneades-Fall in der Alternative, daß der Besitzer des Brettes den Heranschwimmenden zurückstößt. Weiter erleuchtet die Variation des Falles dahingehend, daß zwei Schwimmer zugleich die rettende Planke sichten, die nur einen zu tragen vermag, die hier zu untersuchende Fallkonstellation.

Der Unterschied zu den zunächst erörterten Fallagen fällt ins Auge. Dort wurde unmittelbar in die Chance des Opfers eingegriffen, hier nutzt der Handelnde seine eigenen ihm gegebenen Möglichkeiten aus. Dieser tatsächliche Unterschied wäre allerdings rechtlich bedeutungslos, wenn festgestellt würde, daß die Rechtsordnung in der Notsituation, in der Leben gegen Leben steht, vom Individuum das Opfer seiner Persönlichkeit fordere.

Geht die Wertung der Rechtsgemeinschaft dahin, die eigene Rettung aus der Notsituation stets zu mißbilligen, so steht allein die Selbstaufopferung mit dem Ansinnen des Rechts in Einklang. Einer derartigen Forderung der Rechtsordnung könnte aber schon Art. 19 Abs. 2 GG entgegenstehen. Gemäß Art. 19 Abs. 2 darf der Wesensgehalt eines Grundrechts nicht durch die Staatsgewalt angetastet werden. Hier läge aber eine staatlich geduldete und anerkannte Lebensvernichtung vor, denn von dem »konkreten Grundrecht auf Leben bleibt in dieser Situation nichts übrig«. Dennoch ist diese Argumentation nicht zwingend. Wo nämlich Leben gegen Leben steht, kann Art. 19 Abs. 2 GG nur so interpretiert werden, daß er lediglich für e i n Leben streiten will[6]). Somit weist gerade hier der Grundgesetzgeber die Rechtsgemeinschaft an, Maßstäbe aufzustellen, für welches Leben sich die Rechtsordnung entscheiden soll. Hierbei mögen sodann Pflichterwägungen, Prioritätsgedanken u.ä. maßgeblich sein.

Weiter könnte gegen den Aufopferungsgedanken nicht eingewandt werden, die Rechtsordnung billige dem einzelnen keine Verfügungsgewalt über das eigene Leben zu, da sie den Selbstmord mißbillige. Insoweit sei daher die Handlungsfreiheit des einzelnen gemäß Art. 2 Abs. 2 GG eingeschränkt[7]). Selbst wenn die Ansicht, der Selbstmord verstoße gegen das Sittengesetz und sei daher auch rechtlich mißbilligt, zutreffen sollte – wofür nur wenig

---

[6]) Dürig in Maunz-Dürig a.a.O. Art. 2 Abs. 2 Rn. 13

[7]) Vgl. BGHSt 6/147, insbes. S. 153; Dürig in Maunz-Dürig a.a.O. Art. 2 Abs. 2 Rn. 12

spricht[8]) –, kann sie hier in keiner Weise herangezogen werden: Unstreitig ist nämlich der Verzicht auf das eigene Leben rechtsbeachtlich und gebilligt, wenn er zur Rettung eines anderen Menschenlebens erfolgt[9]).

Dennoch ergibt sich aus der geltenden Rechtsordnung die klare Ablehnung einer derart weiten Hilfspflicht. Zum einen ist ausdrücklich innerhalb des Rechts hervorgehoben, daß eine Pflicht zum bewußten Lebenseinsatz – in welchem Umfange wird noch zu untersuchen sein – nur für ganz bestimmte Pflichtträger festgelegt ist, so z.B. für Seeleute §§ 106, 109 SeemannsG, Soldaten § 6 WStG und Ersatzdienstleute § 13 Abs. 2 G. v. 13. 1. 1960, BGBl. I S. 10. Darüber hinaus wird eine solche Pflicht gewohnheitsrechtlich nur für einen kleinen Kreis weiterer Personen zu begründen sein, nämlich für Polizisten, Feuerwehrleute, Wettermänner im Bergwerk, Sanitätsdienstleute u. ä.[10]).

Zum anderen ergibt sich aus § 330c StGB, daß die Rechtsordnung von dem einzelnen nicht verlangt, jederzeit sein Leben zur Rettung eines anderen bewußt zu opfern. Setzt sich der Retter durch die nötige Handlung erheblichen eigenen Gefahren aus, so ist die Hilfeleistung unzumutbar[11]).

Es ist daher festzustellen, daß die Rechtsgemeinschaft vom einzelnen weder in der Notsituation grundsätzlich das Opfer des eigenen Lebens fordert, noch dem Handelnden das Recht zusteht, stets – gleichgültig unter Einsatz welcher Mittel auch immer – das eigene Leben zu retten.

Damit ist aber die Ausgangsfrage, ob und ggf. wann die Rechtsgemeinschaft in den verschiedenen Varianten des Plankenfalles den Unterschieden im tatsächlichen Geschehen auch rechtliche Bedeutung zumißt, noch unbeantwortet.

Nun ist allerdings die Forderung einer steten Aufopferung des eigenen Lebens in der Literatur nicht herangezogen worden, um den jeweiligen Standpunkt zu begründen. Ausgangspunkt der Argumentation der h. M. ist vielmehr die Feststellung, »der Mensch, ein Geschöpf Gottes, dürfe nicht gegen seinen eigenen Willen von einem Dritten zum Opfer für den Dritten oder für andere bestimmt werden«[12]). Der einzelne dürfe sich keine Entscheidung anmaßen, die nach unseren kulturellen und sittlichen Wertanschauungen keinem Menschen, sondern nur Gott zustehe[13]). Handele er dennoch, um sein eigenes Leben zu retten, so sei er entschuldigt, weil ihm ein anderes Verhalten nicht zumutbar sei[14]).

---

[8]) Vgl. hierzu die ausgezeichneten Darlegungen von Gallas JZ 1960/652ff. Mit eingehender und überzeugender Begründung kommt Gallas zu dem Ergebnis, es handele sich beim Selbstmord weder um ein rechtmäßiges (weil ein Recht wahrnehmendes) noch rechtswidriges (weil rechtlich verbotenes), vielmehr um ein unverbotenes Verhalten.

[9]) Vgl. Dürig in Maunz-Dürig a.a.O. Art. 2 Abs. 2 Rn. 12

[10]) Vgl. Dürig ebendort Rn. 17; Jagusch LK I a.a.O. § 54 Anm. 2 d; Kern GR II a.a.O. S. 60; Kohlrausch-Lange a.a.O. § 54 Anm. VII; Mangoldt-Klein a.a.O. S. 186f.; Maurach AT a.a.O. S. 314; Mezger StuB I a.a.O. S. 201; Schönke-Schröder a.a.O. §54 Rn. 3 S. 358; Schwarz-Dreher a.a.O. § 54 Anm. 5; Siegert a.a.O. S. 55

[11]) Das ist unstreitig; vgl. Dürig in Maunz-Dürig a.a.O. Art. 2 Abs. 2 Rn. 16

[12]) Jagusch LK I a.a.O. § 54 Anm. 10 S. 426

[13]) Vgl. Eb. Schmidt a.a.O. SJZ 1949/565

[14]) Vgl. Jagusch LK I § 54 Anm. 1 S. 415 und im Text unten S. 82ff.

Kernsatz dieser Beweisführung ist offenbar der Gedanke, niemand sei berufen, über das Leben eines anderen Menschen zu befinden. Nur schwerlich wird man diesem Grundsatz die Anerkennung versagen können. Wenn dennoch der h. M.[15]) nicht zugestimmt wird, so liegt das darin begründet, daß die gefundenen Kriterien willkürlich zur Begründung bestimmter Ergebnisse herangezogen werden. Ihr Gehalt wird aber nicht an den zur Entscheidung stehenden Fallkonstellationen sorgfältig gemessen. So meint z. B. Jagusch im Bergsteigerfall – A ist abgestürzt, B wird durch das ihn mit A verbindende Seil in den Abgrund gezogen, C kappt das Seil – dem C sei lediglich ein Strafausschließungsgrund zuzubilligen: Er werfe sich nämlich aus sittlichen Gründen außerhalb gerechter Gesetze zum Richter über fremdes Leben auf und könne daher selbst dann nicht entschuldigt sein, »wenn das vernichtete Leben bereits todgeweiht ist«[16]). Da es bezüglich der »Anmaßung der Entscheidung über das Leben des A« keinen Unterschied machen kann, ob B oder C handelt, ist es in Wirklichkeit die Berücksichtigung des Selbsterhaltungstriebes, die Jagusch im Falle des Handelns des B zu einer Entschuldigung führt.

Diese Argumentation ist aber in Wirklichkeit das Ergebnis eines ethisch verschwommenen Kollektivurteils, das einer verständigen Betrachtung verschlossen bleibt. Es setzt sich nämlich über wesentliche Unterschiede verschiedener Fallgestaltungen mit unzutreffenden Prämissen hinweg und entwertet damit die in ihrem Ausgangspunkt durchaus überzeugenden Argumente.

Gerade nachdem die Untersuchung gezeigt hat, daß die geltende Rechtsordnung schrankenlose Maßnahmen zur Rettung des eigenen Lebens mißbilligt, andererseits aber auch keine unbegrenzte Pflicht statuiert, das eigene Leben zu opfern, muß anerkannt werden, daß

a) niemand gegen seinen Willen von einem anderen zum Opfer für diesen anderen oder für Dritte bestimmt werden darf, selbst wenn das Leben des Opfers bereits todgeweiht erscheint,

b) Rettungshandlungen auf Kosten Dritter demgemäß von der Rechtsgemeinschaft mißbilligt werden.

Damit wird aber keineswegs einer Einheitstheorie das Wort geredet, die in jeder Rettungshandlung, die zugleich einen anderen Menschen zu Tode bringt, eine Rettungshandlung auf Kosten dieses Dritten sieht. Es wird vielmehr die Forderung erhoben, in jedem einzelnen Fall zu prüfen ob

a) eine Entscheidung eines Menschen über das Leben eines anderen vorliegt,

b) Rettungschancen nur auf Kosten eines anderen realisiert werden, indem der Handelnde Chancen des Opfers vernichtet und die eigenen dadurch verbessert.

Das bedeutet die Notwendigkeit sorgfältiger Fallanalyse, bevor eine Wertung versucht werden und dabei zugleich eine nähere Ausgestaltung der gefundenen Kriterien erfolgen kann.

---

[15]) Wie unten S. 82 ff. gezeigt wird.

[16]) LK I a. a. O. § 54 Anm. 10 S. 426

Die Ausgangsbasis bilde ein nach jeder Meinung unproblematischer Fall:

A und B, die beide nicht schwimmen können, machen eine Segelpartie. Durch eigene Unvorsichtigkeit fällt A in das Wasser und ertrinkt, da es B nicht gelingt, ihn von Bord her zu retten.

Eine Haftung des B für den Tod des A wird hier von keiner Seite gefordert. Es liegt ein Unglücksfall vor, der dem B strafrechtlich nicht zugerechnet wird. Durch positives Tun hat B den Tod des A nicht herbeigeführt, eine Pflicht, dem A hinterherzuspringen, bestand nicht für B, da diese Handlung keine Rettungschancen für A begründet hätte. B hat sich weder eine Entscheidung über ein fremdes Leben angemaßt noch seines auf Kosten eines anderen gerettet. Das bedarf keiner eingehenden Darlegung.

Der Unterschied zu dem Bergsteigerfall – B kappt das Seil, an dem A hängt, um nicht gleichfalls in den Abgrund gezogen zu werden – ist augenfällig. Hier verursacht B den Tod des A in seiner aktuellen Gestaltung. Hätte B das Seil nicht durchgeschnitten, wäre der Tod des A erst Minuten später eingetreten.

Maßt sich B hier eine Entscheidung über das Leben des A an, d.h. wirft er sich zum Richter auf, indem er sich auf Kosten des A rettet?

Eb. Schmidt[17]) verneint dies mit der Begründung, B rette hier lediglich, was zu retten ist, mehr könne er nicht tun, daher sei sein Handeln durch übergesetzlichen Notstand gerechtfertigt.

Oehler meint[18]), eine Haftung des B komme nicht in Betracht, da B nicht den Tod des A bewirke; er tue gar nichts, schließe sich lediglich dem Schicksal des A nicht an. Diese Verneinung der Kausalität im Sinne der conditio – sine – qua – non – Formel ist offensichtlich unrichtig, denn es ist nicht zu übersehen, daß der Tod des A ohne die Handlung des B erst Sekunden später eingetreten wäre. Dennoch ist das Ergebnis richtig. Wenn nämlich schon besondere Kriterien – Anmaßung der Entscheidung, Rettung auf Kosten des anderen – genannt werden, so geht es doch nicht, diese ihrerseits wieder allein davon abhängig zu machen, ob ein bestimmtes Verhalten kausal war oder nicht[19]). Die Kausalität kann rechtlicher Anknüpfungspunkt sein. Sie muß es aber nicht, zumindest nicht allein sein[20]).

aa) Der Bergsteigerfall

Indem B das Seil kappt, verursacht er konkret den Tod des A. Dieser wäre nicht in demselben Augenblick abgestürzt. Insoweit trifft B eine Entscheidung über das Leben des A. Damit aber maßt B sich nicht die Rettungschancen des A an, d.h. er rettet sein Leben nicht auf Kosten des A. A selbst

---

[17]) SJZ 1949/565

[18]) JR 1951/494

[19]) Das allerdings ist eine logische Folge einer rein objektiven Unrechtslehre, womit sich erneut erweist, wie wenig eine derartige Betrachtungsweise dem Sinngehalt eines Geschehens gerecht wird.

[20]) Vgl. hierzu Hardwig, Zurechnung a.a.O. S. 90–110

hat keine reelle Lebenschance mehr, während der vom Schicksal begünstigte B noch die Möglichkeit hat, sich zu retten. Dann wird A aber nicht zum Opfer für B bestimmt, noch wird das Leben des B auf Kosten des A gerettet. Wo nämlich keine Lebensrettungschancen auf Seiten eines Menschen vorhanden sind, rettet derjenige sein Leben nicht auf Kosten des Betroffenen, der in seiner eigenen Person vorhandene Möglichkeiten der Rettung nutzt. Im Ausgangspunkt der Rettungshandlung – und das ist wesentlich – besteht bereits keine Chancengleichheit. B vergrößert daher seine Chancen nicht durch seine Handlung, er realisiert nur die im Zeitpunkt der Handlung ihm noch gegebenen Möglichkeiten. A hätte selbst dann keine Chance zu überleben, wenn B auf die eigenen Möglichkeiten verzichtet. Vor und nach der Tat haben sich die Chancen weder auf Seiten des Handelnden, noch auf der Seite des Opfers geändert. Zwar mag der Tod des A um Sekunden beschleunigt worden sein, doch kann es darauf nicht ankommen, wenn eine Lebensrettungschance für das Opfer nicht mehr bestand, und kein Gesinnungsunwert einen Handlungsunwert der Tat begründet.

Das bedeutet allgemein: Die Entscheidung über das todgeweihte Leben eines anderen kann dann nicht von der Rechtsordnung mißbilligt werden, wenn der Täter lediglich in seiner Person begründete Rettungschancen realisiert, ohne dabei die Chancen des Opfers auch nur geringfügig zu verschlechtern.

Bevor die möglichen Einwände gegen dieses Kriterium und die durch seine Anwendung bedingten Lösungen erörtert werden, sei gezeigt, welche Folgerungen für die übrigen schon vorn erwähnten Fallkonstellationen gezogen werden müssen.

bb) Der Karneades-Fall

aaa) Der Besitzer der Planke verteidigt diese, der Schwimmende kommt zu Tode.

Eine Entscheidung über das Leben des Schwimmenden hat der Besitzer der Planke getroffen. Aber auch hier hat er sich nicht auf Kosten des anderen Rettungschancen angemaßt. In der konkreten Situation hatte der Schwimmende überhaupt nur Rettungschancen, wenn und soweit er sich die des Plankenbesitzers zugeeignet hätte, indem er diesem das Brett fortnahm. Die Verteidigung des Brettes war daher nur eine Handlung zur Wahrung jener Rettungschancen, die dem Brettinhaber selbst zu eigen waren. Ein Eingriff in eigene Chancen des Schwimmenden liegt nicht vor. Die Rechtsgemeinschaft kann daher die Handlung des Brettbesitzers nicht mißbilligen. Er handelt nicht pflichtwidrig.

bbb) Stößt der Schwimmende den Inhaber des Brettes hingegen ins Wasser, so ist dieses Verhalten pflichtwidrig.

Er entscheidet über das Leben eines anderen und maßt sich zugleich dessen Rettungschancen an, indem er selbst die Planke nutzt. Die Rettungschancen des ursprünglichen Plankeninhabers werden durch den Schwimmenden vernichtet. Allein dadurch erst vermag dieser eigene Rettungschancen zu begründen.

cc) Variation des Karneades-Falles

aaa) Zwei Schiffbrüchige sehen zu gleicher Zeit die rettende Planke in der Ferne. B, der stärker ist, verdoppelt seine Anstrengungen, erreicht die Planke als erster und paddelt davon.
bbb) B hat Angst, daß der stärkere A schneller sein wird, deshalb drückt er ihn unvermutet unter Wasser, so daß dieser zu Tode kommt.

In beiden Alternativen liegt eine Entscheidung eines Menschen über das Leben eines anderen vor. Dennoch ist die rechtliche Würdigung zu differenzieren. Zunächst scheint es in der ersten Fallvariante, als könne B sein Leben nur dadurch retten, daß er sich die Rettungschancen des A aneignet. Mit jedem kräftigen Schwimmstoß des B verringern sich die Chancen des A. Dennoch wäre eine solche Betrachtung unscharf. Eine Gemeinschaftsbeziehung engerer Art besteht zwischen A und B nicht. Damit sind in der konkreten Situation die Lebensrettungschancen des A und des B gleichsam in einer Gegebenheit freien, aber anständigen Wettbewerbs. Jeder hat die Chance zu überleben durch Entwicklung der in seiner Person gegebenen Möglichkeiten. Die Position des einen ist zugleich bedingt und beschränkt durch die dem anderen eigenen Möglichkeiten. Jeder darf seine Chance zu realisieren versuchen. Damit greift er nämlich noch nicht in die des anderen ein.

Das bedeutet im ersten Fall, daß die Situation des A von Anfang an aussichtslos war, da er in Konkurrenz stand zu dem mit besseren Chancen ausgerüsteten B. Verwirklicht nun B die ihm eigenen Möglichkeiten, so verschlechtert er die des A nicht, da dieser nur dann eine Rettungschance hatte, wenn B sich aufopferte. Diese Opfer aber fordert – wie dargelegt – die Rechtsordnung nicht.

Anders in der zweiten Alternative. Hier verbessert B seine Position, indem er die Chancen des A vernichtet und damit die Beschränkung der ihm eigenen Grenzen überschreitet. Er vergrößert seine Rettungschancen auf Kosten des A.

dd) Der Ballon-Fall

Es mag zwar scheinen, daß dieser Fall der eben erörterten Situation in der ersten Alternative ähnelt: Da weder A noch B eine Chance haben zu überleben, wenn nicht Ballast abgeworfen wird, kann die Handlung des B, wenn er den A über Bord wirft, die Chancen des A eigentlich nicht verschlechtern. Allein damit würde ein wesentlicher Unterschied nicht beachtet. A hat nämlich die Möglichkeit, genauso lange wie B zu leben. Beider Chancen sind im Ausgangspunkt gleich, solange sie noch mit dem Ballon schweben. Dadurch, daß B den A hinauswirft, verbessert er seine Chancen und ändert die Position des A zu seinen eigenen Gunsten. Damit aber rettet er sich auf Kosten des A. Seine Verhaltensweise ist daher zu mißbilligen.

Dieser Fall unterscheidet sich von dem Bergsteiger-Fall darin, daß dort der eine der Betroffenen noch Chancen hat, sein Leben zu retten in einem Zeitpunkt, wo der andere ohne Möglichkeit ist zu überleben. Hier aber ist die Situation für beide gleich. Erst durch die Tötung des einen werden die Chancen des anderen verbessert, nicht aber durch Realisierung der dem Täter eigenen Möglichkeiten.

Es mag daher der Täter gemäß § 54 StGB von dem Schuldvorwurf befreit werden. Eine solche Entscheidung steht dem Gesetzgeber frei. Rechtswidrig aber ist das Verhalten.

ee) Der Schwimmer-Fall[21])

Hier wiederum ist die Stellungnahme einfach. Stößt der Schwimmer den Nichtschwimmer, der sich an ihn klammert, fort, so eignet er sich nicht dessen Chancen zu. Der Nichtschwimmer hätte nämlich noch nicht einmal Lebenschancen, wenn sich der Schwimmer aufopferte. Auch in diesem Falle würden beide untergehen. Die Handlung des Schwimmers ist demgemäß nicht pflichtwidrig.

ff) Der U-Boot-Fall[22])

Die Beurteilung des U-Boot-Falles ist ähnlich: Die Lebensrettungschancen der einzelnen Besatzungsmitglieder sind konkret bestimmt durch die Gegebenheiten ihres jeweiligen Aufenthaltsraumes. Dringt Wasser in das Vorschiff ein, so weiß jeder, daß dieser Einbruch begrenzt werden kann durch das Schließen der Schotten. Die Lebensrettungschancen der Besatzung im Mittel- und Achterschiff sind im Zeitpunkt des Wassereinbruchs daher besser als die der Mannschaft im Vorschiff. Nur durch Verschlechterung dieser Chancen können die Betroffenen ihr Leben um Sekunden verlängern. Damit aber liegt in der Rettungshandlung wiederum keine Schlechterstellung der Gefährdeten. Diese könnten vielmehr nur noch durch das Opfer der anderen kurzfristig weiterleben. Auch hier kann daher die Rechtsgemeinschaft die Rettungshandlung nicht mißbilligen.

gg) Der unschuldig zum Tode Verurteilte[23])

Rettet derjenige, der unschuldig in ordnungsgemäßem Verfahren zum Tode verurteilt worden ist, sein Leben durch Tötung eines Wärters, so eignet er sich Rettungschancen zu, indem er Lebenschancen eines anderen vernichtet. Sein Verhalten ist demgemäß zu mißbilligen.

Beraubt er den Wärter lediglich der Freiheit bzw. verletzt er ihn am Körper, so liegt ein Fall des anerkannten übergesetzlichen Notstandes vor, so daß diese Fallkonstellation hier nicht erörtert zu werden braucht. Soviel sei allerdings schon gesagt, daß damit dem angegriffenen Wärter nicht not-

---

21) Vgl. zum Sachverhalt oben S. 50 unter bb)
22) Vgl. zum Sachverhalt oben S. 51 unter kk)
23) Vgl. zum Sachverhalt oben S. 50–51 unter dd)

wendig das Notwehrrecht abgesprochen ist bzw. seine Verteidigungshandlung mißbilligt wird.[24])

Verfehlt wäre es nämlich, mit dem Reichsgericht[25]) darauf abzustellen, ob das Urteil formal fehlerhaft war oder nicht. Soll etwa jeder Gefängniswärter berufen sein, ein Urteil zunächst formal nachzuprüfen? Wohl kaum. Auch kann es nicht darauf ankommen, ob ein formal unanfechtbares Urteil vorliegt. Solch formalistisches Denken wäre unerträglich und würde dem Prinzip der Gerechtigkeit derart widersprechen, daß auch die Forderung der Rechtssicherheit hier keine andere Beurteilung zuläßt:

Zwar müssen grundsätzlich auch objektiv unrichtige Richtersprüche, wenn sie rechtskräftig werden, von dem Staatsbürger hingenommen werden, es sei denn, ihre Beseitigung ist rechtlich geregelt. Sonst könnte der für ein geordnetes Zusammenleben der menschlichen Gemeinschaft und des einzelnen Staatsvolkes notwendige Rechtsfrieden nicht gewahrt werden[26]). Aber dieses Postulat findet seine Grenze an der Existenz des einzelnen. Dieser ist nicht verpflichtet, sich selbst dem Rechtsfrieden zu opfern. Daß ein rechtskräftiges Urteil aber selbst dann nicht bedeutungslos ist, ergibt sich aus der obigen Stellungnahme. Obwohl nämlich der Verurteilte ohne jede Schuld in die Situation geraten sein kann, gesteht ihm die Rechtsgemeinschaft kein schrankenloses Recht zu, sein Leben zu retten. Der Gefängniswärter, der auf das Urteil vertraut, wird in seinen Handlungen von der Rechtsgemeinschaft geschützt. Allerdings kann dies gleichfalls nicht grenzenlos geschehen; eine Abwägung schutzwürdiger Sphären und Interessen ist notwendig. Es muß gelten, was allgemein gilt:

Die Grundsätze des übergesetzlichen Notstandes sind durch die besondere Art des Gewaltverhältnisses nicht beseitigt. Stehen aber Leben des einzelnen unter Wahrung des formellen Rechtsfriedens und kurzfristiger Freiheitsentzug bzw. Körperverletzung bei Durchsetzung materieller Gerechtigkeit auf dem Spiele, so sollte die Entscheidung klar sein. Die Wahrung des höherrangigen Interesses – Leben des einzelnen und Gerechtigkeit – gehen vor. Gerade die Rechtssicherheit als Rechtswert soll in ihrer Bedeutung nicht unterschätzt werden. Die Existenz des einzelnen bildet aber für ihre Durchsetzung eine unumstößliche Grenze. Wollte man hier der Rechtssicherheit den Vorrang einräumen, so wäre damit jener Kernbereich des Rechtsstatus des einzelnen verletzt, »der nach allgemeiner Rechtsüberzeugung von keinem Gesetz und keiner sonstigen obrigkeitlichen Maßnahme verletzt werden darf«[27]). Eine andere Betrachtung müßte zu dem Ergebnis kommen, daß der einzelne dem Prinzip der Rechtssicherheit zum Opfer gebracht werden dürfe. Dieses Opfer wäre aber sinnlos, denn die Möglichkeit eines Justizirrtums ist allgemein bekannt. Mag auch der einzelne verpflichtet sein, der Rechtssicherheit materielle oder persönliche Opfer zu bringen, wenn es

---

[24]) Vgl. eingehend dazu unten S. 101 f.
[25]) Vgl. RGSt 22/300f., insbes. S. 301; 25/150; 41/215
[26]) Vgl. BGH in NJW 1962/1500ff., insbes. S. 1505
[27]) Vgl. BGH in NJW 1953/351

ihm auf dem rechtlich vorgesehenen Weg nicht gelingt, ein rechtskräftiges Urteil zu beseitigen. Soweit, daß er dem Prinzip seine eigene Persönlichkeit aufopfern muß, geht dieses Ansinnen nicht.

hh) Der Mignonette-Fall[28])

Nach dem Vorausgesagten bedarf die Stellungnahme im Mignonette-Fall keiner eingehenden neuen Darlegung. Die Schiffbrüchigen, die ihre Lebenschancen vergrößern, indem sie den Schiffsjungen töten und verzehren, entscheiden über das Leben des Jungen. Sie vergrößern ihre Rettungschancen dadurch, daß sie die des Jungen vernichten. Mögen diese Chancen auch gering sein, so ist das doch unwesentlich. Es bestanden jedenfalls noch Chancen. Die Matrosen handelten demgemäß pflichtwidrig.

ii) Der Holmes-Fall[29])

Ähnlich ist danach auch die Lösung des Holmes-Falles. Werfen Matrosen Passagiere über Bord, um dadurch das Rettungsboot zu erleichtern und das eigene Leben zu retten, so vergrößern sie ihre Chancen allein durch Tötung der Passagiere. Ihr Verhalten ist damit pflichtwidrig.

Unterstellt allerdings, die Matrosen sind notwendig für die Führung des Schiffes, das sonst von Anfang an dem Untergang geweiht wäre, könnte sich die Sachlage ändern. Dann nämlich wären von vornherein die Lebensrettungschancen sämtlicher Passagiere bedingt durch das Überleben der Matrosen. Das Problem liegt dann in der Befugnis zur Auswahl unter Gleichgestellten.

Bisher wurde bereits herausgearbeitet, daß keiner der Gefährdeten selbst eine solche Befugnis hat, bzw. daß die Rechtsgemeinschaft eine derartige Auswahlhandlung eines Betroffenen mißbilligt. Das muß an dieser Stelle genügen. Wie Handlungen von Personen, die selbst nicht der Gefahr unterworfen sind, bzw. solcher Personen, denen die Gefährdeten anvertraut sind oder deren Überleben notwendige Voraussetzung für die Lebensrettung wenigstens eines Teils der Betroffenen ist, zu beurteilen sind, wird eingehend unter V. 2. erörtert werden.

b) Einwände und Zusammenfassung

Wendet man nunmehr den Blick von den konkreten Fallösungen zu den zugrunde gelegten Kriterien zurück, so könnte es scheinen, als seien die Kriterien »Entscheidung über das Leben« und »Chancenanmaßung« allein bereits geeignet, der jeweiligen Fallproblematik gerecht zu werden. Dies wäre ein Fehlschluß, da dann eine allen Fällen eigene Selbstverständlichkeit übersehen würde: In allen erörterten Fallagen handelt der Täter nämlich

---

[28]) Vgl. oben S. 1–2
[29]) Vgl. zum Sachverhalt oben S. 1

»zur Rettung des eigenen Lebens«. Diese Absicht muß daher als weiteres Kriterium vorliegen, um die Ausnahme von dem grundsätzlichen Tötungsverbot zu begründen. Dies sei an einem letztlich wieder viel erörterten Fall gezeigt: B ist rechtens zum Tode verurteilt worden und soll hingerichtet werden. Als der Henker den Arm hebt, stößt A diesen beiseite und vollzieht selbst die Tötungshandlung[30]). Hier hat A zwar noch über das Leben des B entschieden, aber diese Entscheidung änderte das konkrete Ergebnis nicht. Zum anderen hat A auch keine Lebenschancen des B vernichtet. Dennoch bleibt die Handlung rechtswidrige vollendete Tötung. Wenn ein Staat Handlungen wie eine Hinrichtung durchführt, so muß feststehen, daß diese geradezu institutionell erledigt werden. Es darf nicht ein Verbrechen durch ein anderes gesühnt werden. Der Gesinnungsunwert des A begründet hier den vollen Handlungsunwert und damit auch die Rechtswidrigkeit seines Verhaltens[31]).

Das subjektive Moment des Rettungswillens ist daher Erfordernis einer nicht mißbilligten Rettungshandlung.

Als angeblich erhebliches Argument gegen den hier beschrittenen Lösungsweg wird allerdings vorgebracht, niemand könne wissen, ob der Betroffene nicht doch noch Rettungschancen habe; »das Leben lehrt die unglaublichsten Zufälle in den sog. todsicheren Sachen«[32]). Dieses Argument ist bei genauerer Hinsicht nicht stichhaltig. Zunächst einmal ist festzustellen, daß die Strafrechtsordnung nirgends an den Zufall anknüpft, sondern an das Verschulden. Warum plötzlich der Zufall maßgeblich sein soll, ist daher uneinsichtig. Im übrigen aber läßt sich genauso gut argumentieren, die Zufallschance sei auch nach der Rettungshandlung noch offen. Vielleicht, daß im Bergsteiger-Fall der über dem Abgrund Hängende zwar 100 m stürzt, dann aber in einen Heuhaufen fällt und überlebt u.ä.? Warum schließlich soll der Zufall nur zu Ungunsten des Handelnden herangezogen werden? Eine Berechtigung dafür ist nicht zu finden.

Damit bleibt es bei der Feststellung, daß eine Handlung, die den Tod eines anderen zur Folge hat, dann nicht pflichtwidrig ist, wenn sie

a) in der Absicht der Rettung des eigenen Lebens erfolgt und

b) nicht Lebensrettungschancen des Betroffenen vernichtet, um die Chancen des Handelnden zu erhöhen.

---

[30]) Vgl. hierzu aus neuerer Zeit: Engisch, Kausalität a.a.O. S. 15ff., S. 66 Anm. 2; Mezger StuB AT a.a.O. S. 68; Wegner a.a.O. S. 113 Anm. 2

[31]) A. A. Kaufmann, Hyp. Erfolgsursachen a.a.O. S. 231 mit dem Argument, der Handlungsunwert sei hier nicht gravierend, ein Erfolgsunwert fehle aber.
M. E. kann dem sog. Erfolgsunwert eine so wesentliche Bedeutung nicht zugemessen werden. Es mag zu erörtern sein, ob beim Fehlen jeglichen Erfolgsunwertes lediglich ein Versuch vorliegt – hier erscheint es schon fraglich, ob der Erfolgsunwert völlig fehlt –, jedenfalls kann der Handlungsunwert nicht als gänzlich unerheblich bezeichnet werden. Hier maßt der Täter sich Rechte des Staates an aus einer Gesinnung, die die Rechtsgemeinschaft in jedem Falle mißbilligen muß. Vgl. auch Roxin a.a.O. ZStW 74/427–428

[32]) Oehler a.a.O. JR 1951/492

2. Besondere Pflichtträger

Schutzbefohlene Personen kommen zu Tode.

Unter dem Begriff der schutzbefohlenen bzw. anvertrauten Person sollen Rechtsgenossen verstanden werden, die zu dem Täter in einem engeren Gemeinschaftsverhältnis als ein gewöhnlicher Rechtsgenosse zu einem beliebigen anderen stehen, ohne daß diese Beziehung durch Familienbande bedingt ist. Das Gemeinschaftsverhältnis kann begründet sein auf Vertrag, Gesetz, sozialer Abhängigkeit, Amtsstellung oder tatsächlichem Tun.

a) Lösungsweg

Grundsätzlich wird argumentiert, ein Täter könne sich nicht auf Notstand oder ähnliches berufen, soweit er zur Ertragung besonderer Leibes- oder Lebensgefahren verpflichtet sei. Dies gelte insbesondere für Bergführer, Seeleute, Soldaten, Ersatzdienstleute, Ärzte, Polizeibeamte, Feuerwehrmänner und Wettermänner im Bergwerk[33]).

Die Bedeutung dieses Grundsatzes erscheint fragwürdig. Zunächst sei versucht, die Problematik durch einen Beispielsfall zu erhellen: Im Bergsteiger-Fall sei angenommen, daß A ein Tourist, B aber ein berufsmäßiger Bergsteiger sei, der sich vertraglich dem A verpflichtet hat, ihn auf der Bergbesteigung zu begleiten. Der abgestürzte A droht nunmehr, den B in den Abgrund zu ziehen, als dieser das Seil kappt.

Oben war festgestellt worden, daß in dem Fall, daß A und B einander gleichgestellt waren, die Handlung des B nicht rechtswidrig war, da er durch seine Handlung keine Rettungschancen des A vernichtete. Sinnvoll wäre demgemäß hier allein dann eine andere Beurteilung, wenn man zu dem Ergebnis käme, B habe hier auf Grund seiner Sozialstellung die Pflicht, die eigenen Chancen zu opfern, obwohl damit eine Rettung des A nicht zu erreichen wäre. Das hieße, eine Pflicht zur sinnlosen Aufopferung des eigenen Lebens statuieren. Eine allgemeine Pflicht, das eigene Leben zu opfern, nur um mit einem anderen, dem man besonders verbunden ist und der bereits todgeweiht ist, zu sterben, kennt unsere Rechtsordnung nicht.

Die Fragestellung innerhalb des hier erörterten Problemkreises kann somit nur dahin gehen: Gibt es eine Pflicht, auf eigene Rettung zugunsten anderer, die dem Täter in einem besonderen Gemeinschaftsverhältnis verbunden sind, zu verzichten, wobei vorausgesetzt wird, daß dieser Verzicht zur Rettung des Lebens des Anvertrauten führt. Die Beantwortung dieser Frage weist deutlich auf die oben herausgearbeitete Verbindung von Sozialgestalt und Pflichtenkreis hin. Vor dem Hintergrund des Bezuges zur Sozialgestalt lautet die Frage nämlich: dürfen bestimmte Personen zu ihrer Rettung von anderen den Einsatz von Leib oder Leben auf Grund der Besonderheit ihrer Stellung zueinander erwarten. Maßgeblich ist für die Beant-

---

[33]) Vgl. die Zitate oben S. 80 Anm. 10

wortung die Prüfung, welche Erwartungen an den jeweiligen Träger bestimmter Sozialbezüge geknüpft werden bzw. ob im Falle aller genannten Sozialgestalten eine einheitliche Erwartung vorliegt. Es sollte dabei nicht streitig sein, daß die Pflicht keinesfalls notwendig expressis verbis vom Gesetzgeber statuiert sein müsse[34]). Es genügt, daß der soziale Bezug unstreitig allgemein in der Rechtsgemeinschaft anerkannt wird, denn die Sozialstellung wird nicht allein – wie oben ausgeführt – durch gesetzliche Pflichten umrissen, vielmehr wesentlich durch die erwachsenen und bekannten Erwartungen, welche die Rechtsgemeinschaft an den Träger einer bestimmten Sozialgestalt stellt. Selbstverständlichkeiten bedürfen aber nicht gesetzlicher Klarstellung. Wer aber Polizist oder Feuerwehrmann wird, weiß vom Eintritt in die besondere Sozialgestalt an genau, welche Bezüge und Erwartungen die Rechtsgemeinschaft an ihn knüpft[35]).

Werden die obengenannten einzelnen besonderen Sozialgestalten nunmehr daraufhin untersucht, wann eine Pflicht zum bewußten Lebenseinsatz für andere besteht, so geht es um die Frage, wo der einzelne Rechtsgenosse vom Pflichtträger erwarten kann, daß dieser sich selbst unter Einsatz seines Lebens vor ihn stellt.

Unstreitig gibt es bestimmte Personengruppen innerhalb der Rechtsgemeinschaft, die anderen gegenüber eine Schutzfunktion innehaben und verpflichtet sind, ihr Leben einzusetzen, wenn bestimmte Gefahren sich realisieren. Dies ist insbesondere bei Seeleuten, Soldaten, Ersatzdienstleuten, Polizeibeamten, Feuerwehrmännern, Sanitätsdienstangehörigen, Bergführern und Wettermännern der Fall.

Damit ist allerdings noch nicht entschieden, ob der Verpflichtete selbst dann handeln muß, wenn der Tod gewiß ist. D.h. problematisch ist, ob das Ansinnen nur dahin geht, in gefährlicher Situation eigene Lebenschancen für andere einzusetzen oder sogar so weit, die eigene Existenz bewußt für einen anderen zu opfern.

Hier herrscht die Meinung vor, der Pflichtträger müsse in der kritischen Situation zum Nutzen des höheren Zieles, wie z.B. dem Halten eines Brükkenkopfes o.ä. auch äußerste Lebensgefahr auf sich nehmen, selbst wenn die Aussicht des Überlebens nur sehr gering ist. Solche Situationen, in denen der Tod gewiß und ein günstiger Ausgang nicht zu erwarten ist, brauche er nicht zu bestehen. Hier beginne der Raum für das freiwillige besondere Opfer[36]).

Kaum werden diese allgemeinen Formulierungen der Problemlage gerecht. Es ist vielmehr zu differenzieren ,je nach der Stellung des Pflichtträgers zur Gefahr.

Verschiedene Fallgestaltungen mögen die Problematik zunächst verdeutlichen.

---

[34]) So aber Hamann a.a.O. S. 84

[35]) Vgl. auch Dürig in Maunz-Dürig a.a.O. Art. 2 Abs. 2 Rn. 17 Anm. 3

[36]) Vgl. Kohlhaas in Erbs a.a.O., WehrstrafG § 6 Anm. 3; Siegert a.a.O. S. 55; v. Weber, Notstandsproblem a.a.O. S. 93

aa) Auf seinem Kontrollgang erkennt der Wettermann W, daß ein erheblicher Gasausbruch begonnen hat. Entweder rettet er sich selbst sofort oder aber er warnt die zahlreichen Bergleute, die dann noch eine Rettungsmöglichkeit hätten, während es für ihn keine Aussicht gibt, aus dem Stollen herauszukommen.

bb) Der auf vorgeschobenem Posten stehende Soldat S sieht unmittelbar vor sich die herannahenden Feinde. Durch Schüsse kann er die schlafenden Kameraden wecken, würde aber zugleich selbst entdeckt und mit an Sicherheit grenzender Wahrscheinlichkeit erschossen werden.

cc) Durch einen steuerbaren Torpedo soll ein feindliches Schiff versenkt werden. Der Gefreite G wird durch seinen Vorgesetzten zum Führer dieses Torpedos bestimmt. Der Tod des Torpedolenkers ist im Falle des Erfolges sicher.

dd) Der Feuerwehrmann F sieht im VI. Stock eines brennenden Hochhauses ein Kind. Dieses wagt es nicht, in ein bereitgehaltenes Sprungtuch, das für ein Kind stark genug ist, nicht aber für einen erwachsenen Mann, hineinzuspringen. F kann hinauf und das Kind hinunterwerfen. Eine Möglichkeit, selbst wieder hinunterzukommen, gibt es für F nicht.

ee) Der an der Front tätige Sanitäter S hört die Schreie des Verletzten V. Dieser liegt im Schußfeld eines Scharfschützen. Schnell fortziehen kann S den V nicht. Würde er sich vor den V werfen, so träfe ihn die nächste Kugel. V würde aber nach gewisser Zeit gerettet werden können.

ff) Der selbst schwerkranke Arzt wird zu einem Patienten gerufen, der eine lebensnotwendige Spritze braucht. Eilte der Arzt hin, könnte er den Patienten retten. Er selbst aber käme dabei zu Tode.

gg) Der Truppenarzt T wird dringend als Operateur an der Front gebraucht. Es bestehen erhebliche Gefahren, daß er auf der Fahrt dorthin von dem andauernden Beschuß getroffen wird. Muß er trotzdem das Wagnis auf sich nehmen?

hh) Nach einem Schiffsunglück haben sich die Matrosen und Passagiere in ein Boot gerettet, das zu Wasser gelassen werden soll. Der Kapitän befiehlt den nicht unmittelbar zur Führung des Bootes notwendigen Matrosen und männlichen Passagieren, das Boot sofort für Frauen und Kinder freizumachen.

ii) Der Bahnwärter B sieht auf den Schienen, auf denen bereits der Schnellzug naht, eine verkantete Stahlstange, die den Zug zum Entgleisen bringen wird. Er könnte das Hindernis beseitigen, würde dann aber selbst vom Zug erfaßt werden.

jj) Der Bus des B gerät ins Schleudern. Entweder lenkt B ihn so, daß er frontal auf ein Hindernis rast, wobei B zu Tode kommt, die Fahrgäste aber gerettet werden, oder er bremst scharf, so daß der Bus hinten herumschleudert, das Leben des B zwar erhalten bleibt, aber der Tod einiger Fahrgäste verursacht wird.

Greifen wir aus der Zahl der Beispiele die beiden Arztfälle heraus. Im ersten fällt die Beantwortung der Frage, ob der Arzt pflichtwidrig handelt, wenn er nicht zu dem Patienten eilt, leicht. Weder aus der allgemeinen Berufsstellung noch aus § 330c StGB ergibt sich für einen Arzt eine besondere

Hilfspflicht[37]). Lediglich die allgemeine Beistandspflicht, wie sie einen jeden Rechtsgenossen trifft, ist hier gegeben. Diese findet aber ihre Grenze an der Zumutbarkeit. Einem gewöhnlichen Arzt ist es aber nicht schlechthin zuzumuten, unter Gefährdung des eigenen Lebens Hilfe zu leisten.

Anderes gilt für den Truppenarzt. Selbst unter Gefährdung des eigenen Lebens muß er ärztliche Hilfe leisten, denn gerade deshalb ist er als Truppenarzt eingesetzt, daß er im Gefahrengebiet unmittelbar tätig werden kann. Die besondere Art seines Einsatzes bestimmt demgemäß seine Pflichtenstellung. Die Gefahren, die sich innerhalb dieses Einsatzes realisieren, muß er auf sich nehmen.

Hier kommt ein wesentliches Abgrenzungsmerkmal zum Vorschein:

Im Falle der besonderen Pflichtenstellung geht die Pflicht nicht dahin, sich einer besonderen, anderen in derselben Situation befindlichen Pflichtträgern nicht angesonnenen Forderung zu fügen, sondern dahin, Gefahren, die sich in der besonderen Pflichtensituation realisieren, zu bestehen. Dies mag an den vorangestellten Beispielen erhellt werden.

aa) Erkennt der Wettermann auf seinem Kontrollgang den Gasausbruch, so besteht seine Pflicht in der Warnung der Kameraden. Diese nämlich gehen ihren eigenen Pflichten nach in der Gewißheit, auf derartige Gefahren nicht besonders achten zu müssen, da diese Sicherheit durch den Wettermann garantiert wird.

bb) Gleiches gilt für den Vorposten. Auch dieser ist Garant für die Sicherheit seiner Kameraden.

cc) Anders aber ist die Lage im Torpedofall. Der für den Einsatz ausgewählte Soldat wäre zwar verpflichtet, bei einem Angriff, wie alle anderen Soldaten auch, Widerstand zu leisten. Gleichfalls ist er verpflichtet zur Übernahme gefährlicher Kommandos, etwa zum Postenstehen o.ä. In einem Falle aber, in dem aus einer bestimmten Situation keine besonderen Gefahren für die der Situation Unterworfenen erwachsen, kann eine Pflicht des einzelnen zum Opfer seines Lebens nicht anerkannt werden. Der Soldat ist zwar zum Einsatz für die Allgemeinheit verpflichtet, und zwar zum Eingehen jeder sachlich gebotenen Gefahr, wie auch zum Ausharren in dieser Gefahr. Ihn trifft aber nicht die Pflicht zum »Selbstmord« aus einer gefahrlosen Situation heraus.

dd) Klarer wird dies noch bei dem Feuerwehrmann. Auch er hat eine Pflicht, in der Not beizuspringen, selbst wenn dabei sein Leben erheblich gefährdet wird, nicht aber das Leben von vornherein aufzuopfern.

ee) Gleiches gilt für den Sanitäter. Seine Pflicht ist es, auch unter Lebensgefahr die Rettung Verwundeter durchzuführen, nicht aber diesen eine Rettungsmöglichkeit durch die Hingabe des eigenen Lebens zu verschaffen.

ff) und gg) Die Arztfälle wurden oben bereits beleuchtet.

hh) Interessant ist die Konstellation im Falle des Schiffsunglücks. Eine

---

[37]) Das ist allgemein anerkannt, vgl. RGSt 75/160, BGHSt 2/296, Schönke-Schröder a.a.O. § 330c Rn. 23 S. 1309–1310; a. A. nur Eb. Schmidt, Berufspflicht a.a.O. S. 20ff.

Betrachtung der Pflichtenstellung der Besatzungsmitglieder auf Grund ihres Anstellungsvertrages führt zu dem Ergebnis, daß die Besatzung verpflichtet ist, alles in ihren Kräften Stehende zu tun, um eine sichere und schnelle Beförderung zu gewährleisten. Ist dies nicht mehr möglich, weil das Schiff untergeht, so stehen die Matrosen usw., wird nur ihre Vertragspflicht betrachtet, den Passagieren gleich. Hier nun haben sich die besonderen Regeln der Gefahrengemeinschaft entwickelt[38]). Vor noch nicht allzu langer Zeit war jede Seereise ein gefährliches Unternehmen. Sollten diejenigen, die der Gefahr unterworfen waren, eine echte Gefahrengemeinschaft bilden, so mußte die Gefahrtragung angemessen verteilt werden. Daraus folgte, daß demjenigen im Falle der Realisierung der Gefahr die größte objektive Möglichkeit einer Rettung eingeräumt wurde, der subjektiv am schwächsten war. Dies allein erklärt, warum nicht etwa nur Matrosen zurückstehen müssen, sondern auch die Rettung erwachsener männlicher Passagiere an zweiter Stelle steht. Kinder und Frauen müssen zunächst eine Rettungschance erhalten, weil sie die schwächsten sind. Sodann folgen die erwachsenen männlichen Passagiere. Ihnen gegenüber haben die Matrosen den Vorteil, daß sie mit den Seegefahren vertraut sind und daher kraft ihres Wissens eine größere Chance besitzen. Dabei kommt es nicht darauf an, ob diese Erwartungen sich bei jedem einzelnen erfüllen. Hat etwa ein Matrose das nötige Können und Wissen nicht, so kann er sich nicht darauf berufen. Er kannte die Gefahren und sozialen Vorstellungen seiner Pflichtenstellung. Im vorliegenden Fall kann daher davon ausgegangen werden, daß die Besatzungsmitglieder die Pflicht haben, bestimmte realisierte Gefahren auf sich zu nehmen. Eine besondere Pflicht, das eigene Leben in jedem Falle aufzuopfern, besteht nicht.

ii) Damit fällt die Stellungnahme zu dem Bahnwärterfall nicht schwer. Eine Gefahrengemeinschaft zwischen Bahnwärter und Zugreisenden besteht nicht. Die Berufspflicht des Betroffenen geht dahin, das Höchstmaß an persönlichem Können einzusetzen, um die Reisenden sicher an ihr Ziel zu bringen, nicht aber ihnen mit dem eigenen Leben für die Sicherheit zu garantieren. Der Bahnwärter ist demgemäß nicht verpflichtet, der Sicherheit der Reisenden sein Leben zu opfern.

jj) Anders liegt der Fall des Busfahrers. Stand nämlich der Bahnwärter selbst außerhalb der Gefahr, so befindet sich der Busfahrer unmittelbar in der Gefahrensituation. Fahrgäste und Fahrer sind der gleichen Gefahr unterworfen. Besondere Regeln, wie z. B. im Seerecht, sind hier nicht entwickelt. Damit gilt aber, da auch der Busfahrer kraft Anstellungsvertrages oder Übernahme des Dienstes nicht zur Aufopferung seines Lebens verpflichtet ist, nichts anderes als in den Fällen einer Gefahrengemeinschaft gleichgestellter Individuen. Die unter II. 1. entwickelten Grundsätze sind maßgeblich. Da der Fahrer aber seine Rettungschancen auf Kosten der Fahrgäste erhöhen würde, muß sein Verhalten mißbilligt werden.

---

[38]) Vgl. statt vieler Eb. Schmidt SJZ 1949/565

b) Zusammenfassung

Unter II. 1. war gezeigt worden, daß die Rechtsgemeinschaft vom einzelnen nicht erwartet, daß dieser für einen anderen Rechtsgenossen eigene Lebenschancen aufopfert; andererseits wird aber die Anmaßung fremder Chancen mißbilligt. Die Erörterung der Stellung besonderer Pflichtträger führt nunmehr zu einer Korrektur dieses Grundsatzes, weil der besondere Pflichtträger zum Bestehen der Gefahrenlage unter Einsatz eigener Lebenschancen verpflichtet sein kann.

Es gilt: Eine Handlung, die bewußt den Tod eines anderen zur Folge hat, ist dann nicht pflichtwidrig, wenn sie
in der Absicht der Rettung des eigenen Lebens erfolgt,
nicht Lebensrettungschancen des Betroffenen vernichtet, um die Chancen des Handelnden zu erhöhen,
und der Handelnde nicht zum Bestehen der Gefahrenlage verpflichtet ist.

3. Nahe Angehörige kommen zu Tode

a) Ausgangsbasis

Bisher war gezeigt worden, daß die einzelnen Rechtsgenossen innerhalb der Rechtsgemeinschaft nicht isoliert nebeneinander stehen, sondern daß zwischen ihnen Beziehungen wirken, aus denen bereits bestimmte Pflichten und Verantwortungszusammenhänge erwachsen. Dennoch mußte anerkannt werden, daß diese Beziehungen zwischen den übrigen nicht näher verbundenen Rechtsgenossen noch sehr locker waren. Erst dort, wo es das Leben und sinnvolle Nebeneinanderbestehen der Rechtsgemeinschaft erfordert, werden bestimmte Einzelne aus der anonymen Masse herausgestellt. Auf Grund ihrer besonderen sozialen Stellung sind sie zum Bestehen bestimmter Gefahrenlagen verpflichtet. Ihr Verhältnis ist daher bereits enger gegenüber den ihnen »anvertrauten« Rechtsgenossen. Es darf allerdings nicht darüber hinweggesehen werden, daß diese engen Gemeinschaftsbeziehungen erwachsen sind aus Zweckmäßigkeitserwägungen, die der Fortbestand, die Ordnung und das Wohlergehen der Gesamtgemeinschaft erfordern.

Daneben aber gibt es ein noch engeres Gemeinschaftsverhältnis innerhalb der häuslichen Familiengemeinschaft. Hier findet sich eine Gemeinschaft, die nicht durch den Zweck gegenseitigen Wohlergehens und allgemeiner Ordnung verbunden ist. Sowohl der Zweckgedanke als auch das Ziel äußerer Ordnung sind nämlich fehl am Platze innerhalb eines Bereiches der Selbstverständlichkeit. »Das Haus als die Gemeinschaft der Familie erwächst aus der Liebe, durch die der einzelne in unbedingter Treue lebenslänglich an den anderen sich bindet; sie will die Kinder als die eigenen in der Substanz der Überlieferung erziehen und die unablässige Kommunikation ermöglichen, welche erst in der Schwierigkeit des Alltags zur eigentlichen rückhaltlosen Verwirklichung in der Offenheit kommen kann[39]).«

---

[39]) Jaspers, Geistige Situation a.a.O. S. 53

Das will heißen: Die häusliche Familiengemeinschaft ist begründet in der Solidarität und der Pietät, das ist die Verläßlichkeit aller, die sich gegenseitig im Ganzen der Familie ein Halt sind. Sie finden in ihrem Zuhause eine Lebensordnung, die aus dem Wesen ihrer Beziehung zueinander, nicht aber aus äußeren Geboten erwächst. Das unbedingte Zusammengehörigkeitsgefühl, das Sichverlassenkönnen aufeinander und das gegenseitige Füreinandereinstehenwollen bilden zugleich Voraussetzung und Grundlage für die in der Familie sich verwirklichende Unbedingtheit.

Werden diese Voraussetzungen nivelliert und ihre Bedeutung herabgesetzt, werden auch die wesensnotwendigen Bindungen innerhalb der Familie preisgegeben und deren Leben damit zu unpersönlichem, durch wirtschaftliche und nützliche Erwägungen getragenem Massendasein degradiert. Ein Schutz der Familie ist in diesem Zeitpunkt nur noch Schutz von Wirtschafts- und Geschlechtsgemeinschaften mit dem Ziel, die Zeugung neuer Staatsbürger zu unterstützen und zu gewährleisten.

Diese Auffassung kann aber nicht die eines Gesetzgebers sein, der als höchstes Postulat den Schutz und die Achtung der menschlichen Würde verwirklichen will. Gerade innerhalb des häuslichen Familienbereiches kommt nämlich die menschliche Würde in ihrer ganzen Ursprünglichkeit zum Tragen. Nur so ist Artikel 6 GG sinnvoll innerhalb des Rechtssystems zu sehen. Wenn die Rechtsgemeinschaft die Pflege und Erziehung der Kinder als das natürliche Recht der Eltern anerkennt, so ist damit unvereinbar lediglich ein Aufziehen, wie es das Ideal des spartanischen Erziehungswesens war. In unseren Tagen wird solches in totalitären Staaten erneut angestrebt, wo die Mutter dem Kinde gegenüber nur noch biologische Aufgaben hat, während die sittliche Heranbildung und Erziehung staatlichen Funktionären überlassen bleibt. Auch ein bloßes Anfüllen mit Wissen, eine Überhäufung mit Erkennbarem wird dem sittlichen Postulat der Erziehung nicht gerecht. Erziehung kann hier nur das unmittelbare Vermitteln sittlicher Gehalte, verbunden mit einer Öffnung der Erkenntnis für die Substanz der Überlieferung und des Verständnisses des Gegenwärtigen bedeuten.

Es mag dahinstehen, ob sich derartige Gehalte von Ehe und Familie »naturrechtlich« zwingend ergeben. Die Entscheidung des Gesetzgebers ist hier eindeutig.

Daraus folgt zweierlei: Erstens kann eine Entscheidung, die aus der Verantwortung und Solidarität wie aus unbedingtem Füreinandereinstehen innerhalb der Familie erwächst, nicht von der Rechtsgemeinschaft mißbilligt werden. Zum zweiten aber hat der Gesetzgeber – und hier zeigt sich erneut der enge Zusammenhang zwischen Bestimmungs- und Bewertungsfunktion des Rechts – die Aufgabe, den Weg zu dieser Wertverwirklichung zu weisen und damit den Wert der Gemeinschaftsbeziehung zu unterstreichen. Das bedeutet, Gesetzgeber und Rechtsgemeinschaft können und müssen, soweit ein besonderer sittlicher Gehalt der Familienbeziehung anerkannt wird, an diesen Sachverhalt besondere Rechte und Pflichten knüpfen.

Demgemäß bietet sich die häusliche Familiengemeinschaft innerhalb der Rechtsgemeinschaft als Anknüpfungspunkt besonderer Pflichtgehalte dar, und zwar geht die Betrachtung von der sog. Kleinfamilie aus, bestehend aus Eltern und Kindern. In diesem Bereich, in dem eine Wertverwirklichung auf Grund der Solidarität aller innerhalb der Gemeinschaft auch heute noch weitgehend erfolgt, ist sodann nach den einzelnen sozialen Stellungen gemäß der Verantwortung des einzelnen vor der Rechtsgemeinschaft zu unterscheiden: Kraft ihrer natürlichen Stellung innerhalb dieser Gemeinschaft sind die Eltern Garanten für das Wohl der Kinder. Primär verpflichtet ist sodann der Vater auf Grund seiner natürlichen Stellung innerhalb der Familie, sekundär die Mutter trotz aller Gleichberechtigung, die immer nur eine rechtliche sein kann. Die Pflicht, für das Wohl der Kinder zu sorgen, und zwar selbst unter Einsatz des eigenen Lebens, ist unabdingbar. Allein nämlich das Bewußtsein der heranwachsenden Kinder, die Eltern werden stets für sie einstehen, immer für sie bedingungslos da sein, vermag die notwendige Offenheit für die Wertverwirklichung innerhalb der Gemeinschaft zu erzeugen. Sie gewährt die Möglichkeit eines Hineinwachsens in eine echte Gemeinschaft.

b) Lösungsweg

b) Damit sind die Weichen für die Lösung möglicher Fallkonstellationen gestellt.

aa) Der Busfahrer, der vor der Frage steht, entweder das eigene Leben zu opfern oder seine Kinder zu Tode zu bringen, handelt pflichtwidrig, wenn er das eigene Leben rettet. Er hat die Pflicht, die Lebensgefahr von den Kindern zu wenden, auch wenn dies nur unter Aufopferung des eigenen Lebens möglich ist.

bb) Andererseits stellt die Rechtsordnung aber nicht das Ansinnen eines sinnlosen Opfers. Ist z. B. das Kind an einer tödlichen ansteckenden Krankheit erkrankt, so brauchen Mutter und Vater sich natürlich nicht gleichfalls anzustecken, um mit dem Kinde gemeinsam zu sterben. Das bedarf keiner weiteren Erhellung. Das folgt aus dem Wesen der Pflicht, die auf etwas Sinnvolles gerichtet sein muß. Sinnvoll ist das Opfer aber nur, wenn Rettungschancen bestehen.

cc) Schwieriger ist der Schlittenfall zu entscheiden[40]). Wirft der Vater sein Kind den Wölfen vor, um selbst einen Vorsprung zu gewinnen, so handelt er pflichtwidrig, obwohl sonst beide verloren wären. Dies mag zunächst willkürlich erscheinen, folgt aber zwingend aus dem Grundsatz, daß selbst bei isoliert zueinander stehenden Rechtsgenossen keiner seine Lebensrettungschancen auf Kosten des anderen erhöhen darf.

Wie im Ballonfall die beiden Ballonfahrer, so bilden hier Vater und Kind eine Gefahrengemeinschaft. Die überlegenen Körperkräfte darf hier der einzelne nicht dazu einsetzen, sich selbst größere Chancen zu verschaffen, indem er die des anderen vernichtet. Gerade in der Situation der Verwirk-

---

[40]) Vgl. zum Sachverhalt oben S. 51 unter ee)

lichung der Gefahr muß sich die Gemeinschaft zwischen den Betroffenen erweisen.

dd) Die Pflichtenstellung aus dieser Gemeinschaftsbeziehung kann u. U. geradezu erschreckende Bedeutung erhalten. Gesetzt den Fall, der Vater sieht, wie sein Kind von einem wilden Tier angefallen wird; wirft er sich dazwischen, so wird das Kind gerettet, er selbst aber kommt zu Tode. Auch hier darf der Vater sich seiner Verantwortung nicht entziehen, nur weil er nicht unmittelbar in der Gefahr steht. Er muß den Forderungen seiner Sozialstellung nachkommen und sich noch in hoffnungsloser Situation zu der ihn mit dem Kinde verbindenden Gemeinschaft bekennen.

ee) Noch problematischer liegt der Fall, wenn der Vater zwar eine Rettungsmöglichkeit hat, das Kind aber in jedem Falle verloren ist, der Vater aber gleichfalls zu Tode kommt, wenn er seine Chance nicht schnell nutzt.

Angenommen, Vater und Kind haben eine Wattwanderung unternommen und werden von der Flut überrascht. Allein könnte es dem Vater noch gelingen, das Ufer zu erreichen. Belastet durch das Kind sind keine Rettungschancen vorhanden, weder für den Vater noch für das Kind.

Oder – im Schlittenfall – der von den Wölfen verfolgte Schlitten geht zu Bruch. Der Vater könnte sich auf einen Baum retten, das Kind aber müßte er unten zurücklassen, weil er nicht die Kraft hat, es mit hinaufzunehmen. Muß der Vater hier bei seinem Kinde ausharren, auch wenn er damit den Tod auf sich nimmt?

Diese Problemkonstellation löste sich verhältnismäßig einfach in dem Falle, daß beliebige Rechtsgenossen gemeinsam in diese Gefahrenlage kämen. Hätten z. B. die Freunde A und B die Schlittenfahrt unternommen, so wäre das Verhalten des A, wenn er sich gerettet hätte, nicht pflichtwidrig gewesen. Er hätte den Tod des B nicht verursacht, noch hatte er die Pflicht, bei B auszuharren. Er nutzte die eigenen ihm gegebenen Chancen, ohne die des B zu verschlechtern.

Darf demgemäß auch der Vater das dem Tode geweihte Kind verlassen, um selbst sein Leben zu retten? Rational läßt sich dies leicht begründen mit dem Hinweis, wenn überhaupt noch ein Leben rettbar ist, so soll wenigstens dieses erhalten bleiben. Dennoch dürfte hier der Punkt erreicht sein, wo eine rein rationale Lösung der Problematik und Tragik des Geschehens nicht voll gerecht wird. Das heißt aber für die Rechtsordnung, sie muß die Entscheidung des Vaters achten, der mit seinem Kinde in den Tod geht. Sie darf andererseits aber die gegenteilige Entscheidung des Vaters nicht als pflichtwidrig kennzeichnen, da sie selbst eine überzeugende Lösung nicht weisen kann.

c) Zusammenfassung

Damit gilt es nunmehr, die oben gefundene Regel zur Beurteilung von Rettungshandlungen erneut zu modifizieren:

Verhaltensweisen, die den Tod eines anderen Menschen zur Folge haben, sind nicht pflichtwidrig, wenn sie

aa) in der Absicht der Rettung des eigenen Lebens erfolgen,

bb) nicht Lebensrettungschancen des Betroffenen vernichten, um die Chancen des Handelnden zu erhöhen,
cc) der Handelnde weder zum Bestehen noch zum Übernehmen der Gefahrenlage verpflichtet ist.

aaa) Zum Bestehen der Gefahrenlage ist verpflichtet, wer kraft Gesetzes, Vertrages oder tatsächlicher Verhaltensweise gemäß der Wertung der Sozietät Garant für das Leben anderer ist.

bbb) Übernehmen muß die Gefahr, wer kraft häuslicher Familiengemeinschaft verantwortlich ist für das Wohlergehen anderer.

4. Rückblick auf die Thematik der Untersuchung

Betrachten wir unter den gefundenen Kriterien den Ausgangsfall der echten Pflichtenkollision[41]), so kann bereits hier festgestellt werden, daß sich die Problematik nach diesen Überlegungen erheblich vereinfacht hat: In den Sachverhaltsvarianten, in denen der Busfahrer entweder das eigene Leben opfern muß, will er nicht sein Kind überfahren, liegt keine unlösliche Pflichtenkollision vor. Die Rechtsgemeinschaft fordert hier das Opfer des eigenen Lebens. Die Pflicht des Vaters, für das Wohlergehen des eigenen Kindes zu sorgen, geht der Wahrung der eigenen Körperintegrität vor. Nur die Pflicht des Vaters ist noch verbindlich.

Daneben hat die Untersuchung gezeigt, daß die Haltung des einzelnen im Zwiespalt der Rettung oder Aufopferung des eigenen Lebens im wesentlichen geprägt wird durch drei verschiedene Arten der Pflichtenstellung.

a) Als Mitglied der Rechtsgemeinschaft den anderen Rechtsgenossen gegenüber. Hier ist keine Pflicht, das eigene Leben aufzuopfern, begründet, doch mißbilligt die Rechtsgemeinschaft den schrankenlosen Egoismus, der die eigene Lebensrettung motiviert, obwohl Lebenschancen anderer vernichtet oder zumindest vermindert werden.

b) Als Garant für das Bestehen bestimmter Gefahren. Diese Pflichtenstellung erhält ihre Legitimation durch den verantwortlichen Übernahmeakt des einzelnen, mit dem dieser kundtut, er sei bereit, bestimmte besondere Gefahren zu bestehen. Dieser Akt kann auf Gesetz, Vertrag oder tatsächliche Verhaltensweise begründet sein.

Innerhalb dieser Sozialstellung ist der Pflichtträger den Personen gegenüber, denen er eine bestimmte Garantie leistet, zu besonderem Einsatz, insbesondere zum Bestehen bestimmter sich realisierender Gefahren verpflichtet. Er steht daher in einer engeren Pflichtenstellung zu den auf ihn vertrauenden Personen. Besondere Rechte und Pflichten gegenüber der Allgemeinheit der Rechtsgenossen erwachsen aus dieser Position aber nicht. Die engere Bindung fordert Härte, persönlichen Einsatz zum Wohle der Vertrauenden, begründet aber keine besondere Beziehung zu den übrigen Rechtsgenossen.

c) Die engste, innerhalb der Rechtsgemeinschaft anerkannte Gemein-

---

[41]) Das ist der »Busfahrerfall«, vgl. oben S. 52

schaftsbeziehung besteht zwischen den in häuslicher Gemeinschaft zusammenlebenden Familienmitgliedern. In diesem Raum gegenseitigen Vertrauens und Füreinandereinstehens werden die Voraussetzungen des grundsätzlichen Werterlebnisses geschaffen. Die Entwicklung innerhalb dieser Gemeinschaft setzt das Bewußtsein unbedingter Treue des einen zu dem anderen voraus. Wer innerhalb dieser Gemeinschaft kraft seiner tatsächlichen Stellung die verantwortlichen Entscheidungen trifft und die Gemeinschaft leitet, hat die Pflicht, auch mit dem eigenen Leben für die anderen einzustehen. Soweit die Rechtsordnung diesen eigenständigen Wert der Familie anerkennt, muß sie die Handlungen, die zur Rettung einzelner aus der Gemeinschaft vorgenommen werden, billigen. Wieweit allerdings ein Eingriff in Rechtsgüter und Rechtspositionen anderer gebilligt wird, gilt es noch zu erörtern.

III. Handlungen zur Rettung naher Familienangehöriger

1. Der Einsatz des eigenen Lebens

Daß der Träger der Autorität innerhalb der häuslichen Familiengemeinschaft die Pflicht hat, in der Gefahrensituation ein Bekenntnis unbedingten Einsatzes und unverbrüchlicher Treue abzulegen und sein eigenes Leben der Rettung seiner Familie bzw. einzelner Familienangehöriger hinzugeben, ist bereits unter II. 3. dargelegt worden. Weitere Ausführungen erübrigen sich.

2. Die Rettungshandlung kostet Dritte das Leben

a) Verdeutlichung der Problematik an Beispielen:

aa) Der Busfahrer, dessen Bus ins Schleudern gekommen ist, kann das Leben seines Kindes nur dadurch retten, daß er in ein entgegenkommendes Auto hineinsteuert, dessen Insassen zu Tode kommen.

bb) Der Vater sieht, wie ein offener Personenwagen sich in zügiger Fahrt dorthin bewegt, wo sogleich sein Kind hinter einem Wagen hervorspringen wird. Schnell wirft er mit seinem Spazierstock nach dem Fahrer. Dieser wird irritiert, verliert die Gewalt über sein Fahrzeug und fährt gegen einen Baum. Er verunglückt tödlich. Dieses hatte der Vater vorausgesehen. Ohne den Wurf wäre das Kind mit an Sicherheit grenzender Wahrscheinlichkeit überfahren worden.

b) Entwicklung des Problems

Aus der Pflicht, unverbrüchlich für den anderen einzustehen, folgt nicht zwingend die Befugnis, straflos in Rechte Dritter einzugreifen. Die Tatsache, daß der Täter persönlich einem bestimmten anderen Menschen gegenüber selbst zur Aufopferung des eigenen Lebens verpflichtet ist, sagt noch gar nichts darüber aus, ob und inwieweit Rechte anderer in Mitleidenschaft gezogen werden können. Es ist daher hier festzustellen, welche Bedeutung die häusliche Familiengemeinschaft für die Rechtsgemeinschaft hat und welchen Raum diese der Wertverwirklichung innerhalb der Familie gewährt.

Folgt man dem hier vertretenen Standpunkt über Sinn und Gehalt der häuslichen Familiengemeinschaft, so liegt die Klärung dieser Problematik jedoch auf der Hand:

Innerhalb der Gemeinschaft der Familie findet sich ein letzter Raum festgefügter Menschlichkeit. Auf diesem gründet sich und aus ihm erwächst stets erneut der Gedanke der Gemeinschaft. Aus den Wurzeln dieser Bindungen entwickelt sich das Bewußtsein für das Ganze innerhalb der Rechtsgemeinschaft. Nur dort nämlich, wo bereits der Wert der Verantwortung erlebt worden ist, wird sich Bereitschaft zur Verantwortung für andere bilden. Erst dann aber kann der Gedanke des Gemeinwesens begriffen werden, und das Gemeinwohl Anerkennung als verbindliches Motiv finden.

Werden aber die Bindungen innerhalb der Familie preisgegeben, so finden sich die einzelnen zusammen in einem allein auf persönlichen Zweckmäßigkeitsgesichtspunkten begründeten Massenganzen. Das Individuum erscheint als Funktionär, d.h. als Klassen- oder Interessenvertreter. Sein Streben treibt es dorthin, wo es Macht glaubt. Das Bewußtsein der Gemeinschaft geht verloren, die Möglichkeit einer Demokratie im Sinne einer Staatsform, die auf der Verantwortlichkeit aller für das Ganze gegründet ist, wird verspielt.

Vor diesem Hintergrund betrachtet, weist das Grundgesetz in Art. 6 nur einen Weg: Innerhalb der Gemeinschaft wird nicht nur dem einzelnen eine besondere Pflichtenposition innerhalb der Familie auferlegt, sondern hier liegt auch eine Wertentscheidung. Die Verwirklichung des Treuegedankens zueinander wird umfassend von der Rechtsgemeinschaft gebilligt. Damit ist die Entscheidung gefallen. Das Bewußtsein unbedingter Verläßlichkeit erfordert nämlich auch dann noch jede Hilfe, wenn dadurch das Leben Dritter betroffen ist. Das Kind steht den Eltern auch nach dem Willen der Rechtsordnung immer näher als jeder Dritte. Eine Einschränkung dieses Prinzips zerstörte die Solidarität innerhalb der Familie. Es muß und kann jedes Familienmitglied damit rechnen, daß der, mit dem es in häuslicher Familiengemeinschaft zusammenlebt, eher unschuldige Dritte zu Tode bringt als den eigenen Tod nicht hindert.

Eine Einschränkung ist hier jedoch erforderlich. Hat das betroffene Familienmitglied sich auf Grund freier und bewußter Entscheidung in die Gefahr begeben, so darf die Rettungshandlung nicht das Leben Dritter vernichten. Maßgeblich für die Grenzziehung sind hier die Kriterien der Rechtsordnung für die Abgrenzung des freien und unfreien Willens.

Unfrei handelt demnach, wer sich im Nötigungsnotstand befindet, wessen Zurechnungsfähigkeit ausgeschlossen oder gemindert ist, sowie Kinder und strafunreife Jugendliche. Bewußt hat die Gefahr auf sich genommen, wer mindestens mit dolus eventualis gehandelt hat, als er sich in die Gefahr begab[42]).

[42]) Zum Streit der Abgrenzung von dolus eventualis und bewußter Fahrlässigkeit kann hier nicht Stellung genommen werden. Insoweit sei verwiesen auf Engisch a.a.O.

Diese Einschränkung bedeutet keine Nivellierung der Wertbeziehungen innerhalb der häuslichen Familiengemeinschaft. Sie stellt lediglich die Konsequenz aus der Anerkennung einer freien und verantwortungsbewußten Persönlichkeit des einzelnen dar. Die freie und bewußte Entscheidung, die ein Mensch trifft, hat dieser nämlich auch voll zu verantworten.

In den beiden eingangs herangezogenen Beispielen handelt der Vater daher nicht pflichtwidrig, wenn er das Kind rettet, obwohl die Rettungshandlung den Tod Dritter zur Folge hat. Ihn verbindet eine engere Beziehung zu dem Kind als zu dem Dritten. Diese Beziehung begründet die Pflicht, das Leben des Kindes stets zu garantieren, es sei denn, dieses hat sich verantwortlich selbst auf den Boden des Unrechts begeben.

c) Einwände

Zwei mögliche Einwände gegen diese Lösung sind offensichtlich:

aa) Es läßt sich argumentieren, eine derartige Einstellung nehme dem von der Rettungshandlung betroffenen Rechtsgenossen das Notwehrrecht, da dieses einen rechtswidrigen Angriff voraussetze. Hier werde aber gerade die Rechtswidrigkeit des Angriffs bestritten.

bb) Es könne unter Umständen der Ernährer einer anderen Familie getötet werden, ohne daß zivilrechtliche Ansprüche seitens der Hinterbliebenen gegen den Handelnden geltend gemacht werden können, da es an einem rechtswidrigen Eingriff fehle.

Beide Einwände gehen fehl. Zum ersten ist zu sagen, daß er in sich zusammenfällt, sowie man sich freimacht von der Überlegung, die einmal gefundene Wertung eines Verhaltens sei absolut und endgültig, gleichgültig unter welchen Aspekten sie vorgenommen wird. Gerade aber die Klärung der Pflichtenstellung sollte die Fragwürdigkeit dieser These aufgedeckt haben. Mit der Feststellung, die Rechtsordnung mißbillige das Verhalten des Vaters nicht, ist doch nur gesagt, daß die Rechtsordnung kein Unwerturteil über diese Verhaltensweise dieses bestimmten Pflichtträgers fällt. Damit ist noch nicht über das Verhalten anderer Personen, die in einer ganz anderen Pflichtenstellung stehen, entschieden. Derjenige, der nicht in einer besonderen Sozialstellung des Vaters steht, ist – wie oben dargelegt wurde – aber nicht verpflichtet, für einen beliebigen Dritten das eigene Leben zu opfern. Wehrt er die Vernichtung seiner eigenen Lebenschancen ab, so fällt die Rechtsordnung gleichfalls kein Unwerturteil über die Handlung. Das bedeutet: Definiert man – wie es die herrschende Lehre tut[43]) – den rechtswidrigen Angriff in § 53 StGB als einen Angriff, den der Angegriffene nicht zu dulden braucht, so ist für die Bestimmung der Rechtswidrigkeit des

---

NJW 1955/1689; Schmidhäuser GA 1958/161 ff.; Stratenwerth ZStW 71/51 ff. sowie die umfassende Darstellung von Roxin, JuS 1964/53 ff.

[43]) Vgl. Binding, Handbuch a.a.O. S. 740; Jagusch LK I a.a.O. § 53 Anm. 2f. S. 404; Maurach, AT a.a.O. S. 278; Mezger StuB AT a.a.O. S. 117; Schönke-Schröder a.a.O. § 53 Rn. 10 S. 350; Welzel Lb S. 78; Frank § 53 Anm. I 2 B S. 161 mit zahlreichen Nachweisen.

Angriffs maßgeblich allein die jeweilige Pflichtenstellung des Betroffenen. Dann muß aber die Möglichkeit einer Notwehr gegen eine vom Standpunkt des Angreifers her nicht pflichtwidrige Handlung anerkannt werden[44]). Hierin kann auch kein Mangel gesehen werden, da mit dieser Feststellung lediglich zum Ausdruck gebracht ist, die Rechtsgemeinschaft sehe sich nicht in der Lage, eine der Verhaltensweisen zu mißbilligen. Will man dieser Konstruktion nicht folgen, so führt die Anwendung des übergesetzlichen Notstandes unter Abwägung der Pflichten zum selben Ergebnis:

Für den Vater überwiegt das Interesse am Leben seines Kindes, daher handelt er nicht pflichtwidrig. Der Betroffene aber ist nicht verpflichtet, eigene Lebenschancen anderen aufzuopfern. Er darf sich verteidigen. Für ihn überwiegt das Interesse der Selbsterhaltung.

Auch die angeblich erschreckenden Folgen für das Zivilrecht treten nicht ein. Ein Anspruch der Erben des getöteten Dritten gegen den Vater ist zu begründen aus einer analogen Heranziehung des § 904 Satz 2 BGB. Dieser gewährt hier die gewünschte und sachlich gebotene Anspruchsgrundlage.

3. Die Rettungshandlung kostet anvertraute Personen das Leben

a) Erhellung der Problematik

An dieser Stelle ist nunmehr der oben[45]) als Beispiel echter Pflichtenkollision angesehene Bahnwärterfall zu erörtern und zu prüfen, ob wirklich einander gleichwertige Pflichten gegenüberstehen. Dem Fall lag folgende Konstruktion zugrunde:

Ein Bahnwärter sieht beim Abschreiten des Gleises auf den Schienen einen schweren Eisenblock liegen, den er bis zum Herannahen des Schnellzuges gerade noch entfernen könnte. Da hört er unvermutet von einem nahegelegenen Teich her die Hilferufe seines ertrinkenden Kindes.

Als zweiter Fall ist hier die Situation des Busfahrers zu nennen, der vor der Alternative steht, entweder sein Kind zu überfahren oder den Tod mehrerer Fahrgäste zu verursachen.

b) Lösungsweg

Oben war gezeigt worden, daß die Rechtsordnung die Pflicht des Vaters seinen Kindern gegenüber sowie vergleichbare Pflichtverhältnisse anerkennt und ihre Erfüllung nicht mit einem Unwerturteil belegt. So gesehen, könnte man in der Tat zu dem Ergebnis kommen, die hier einander entgegenstehenden Pflichten seien gleichwertig. Auch die Pflicht des besonderen Pflichtträgers, wie er uns als Soldat, Feuerwehrmann, Sanitäter, Bahnwärter und auch Busfahrer gegenübertritt, wird von der Rechtsordnung anerkannt,

---

[44]) So bereits Binding, Handbuch a.a.O. S. 740

[45]) Vgl. S. 3 und S. 52

ihre Erfüllung gefordert, ja sogar unter Umständen erzwungen bzw. ihre Mißachtung unter Strafe gestellt. Dennoch liegt zwischen beiden Pflichtenkonstellationen ein erheblicher sachlicher Unterschied.

Die Pflicht innerhalb des Familienkreises ging auf unbedingte Hilfeleistung, da nur in ihr der besondere Wert der Familienbeziehung miterlebt werden konnte. Auch die Rechtsordnung mußte das anerkennen und dem Rechnung tragen.

Anders liegt es mit dem Inhalt der übernommenen besonderen Pflicht. Diese geht dahin, daß der Pflichtträger alles in seinen Kräften Stehende tut, um die Gefahr abzuwenden bzw. zu bestehen. Die Tatsache, daß er einer bestimmten Personengruppe gegenüber zu besonderen Leistungen verpflichtet ist, erweitert seine Befugnisse in bezug auf dritte Rechtsgenossen nicht. Notwendige Voraussetzung des besonderen Pflichtverhältnisses kraft Übernahme ist nämlich nicht das Bewußtsein der Vertrauenden, der Pflichtträger werde sich unbedingt einsetzen, sondern nur das Wissen, der Pflichtträger habe seinen Pflichten bis zur Grenze der Selbstaufopferung nachzukommen. Im übrigen aber wird der Pflichtenkreis des besonderen Pflichtträgers nicht berührt.

Damit ist die Entscheidung für die hier einzuordnenden Fallprobleme getroffen. Die Dienstpflicht geht der Pflicht des Vaters seinen Kindern gegenüber nicht vor. Weder der Schrankenwärter noch der Busfahrer handeln demgemäß pflichtwidrig, wenn sie sich für die Rettung des Lebens ihres Kindes entscheiden.

c) Einwände

Auffällig ist, daß die hier entwickelte Lösung den bisherigen Stellungnahmen zu dem Fall des Bahnwärters entgegensteht. Es wird nämlich argumentiert, der Bahnwärter, der sein Kind rette, handele rechtswidrig. »Vom Standpunkt der Rechtsordnung aus gesehen, die ein möglichst kleines Übel hinnehmen will, muß also das Interesse an der Erhaltung der großen Zahl von Menschenleben gegenüber dem an der Erhaltung des einen Menschenlebens als unverhältnismäßig überwiegend angesehen werden[46].« »Unter objektiven Gesichtspunkten ist diese letztere Pflicht (scil. die Berufspflicht) als die unverhältnismäßig bedeutsamere anzusehen, da ihre Verletzung die Vernichtung zahlreicher Menschenleben zur Folge haben kann, während doch dadurch nur ein Menschenleben zu retten ist, sei es für den Verpflichteten das teuerste Gut des Lebens[47].«

Unter zwei Voraussetzungen ist diese entgegenstehende Lösung allerdings zwingend. Sie setzt zunächst eine objektive Unrechtslehre voraus, die auf der Güterabwägungslehre beruht. Dann kann nämlich in der Tat nicht zwischen Personen, die in einem engeren Gemeinschaftsverhältnis zu dem Täter stehen, und dritten Rechtsgenossen unterschieden werden. Objektiv ist ein Menschenleben dem anderen gleich. Damit beruht aber die Ansicht

---

[46]) Konrad Schmidt a.a.O. S. 60
[47]) Henkel, Notstand a.a.O. S. 97

auf einer rein objektiven Rechtsgüter- nicht aber einer Rechtspflichtenabwägung.

Darüber hinaus aber bekennt sie sich nicht konsequent zu dem heute unstreitigen Satz, daß das menschliche Leben als höchstpersönliches Rechtsgut einen unvergleichlichen und unmeßbaren Höchstwert für die Rechtsgemeinschaft darstellt. Es werden nämlich offensichtlich Quantitätsgesichtspunkte zum Tragen gebracht.

Beide Prämissen werden in der hier vorliegenden Untersuchung abgelehnt. Weder ein objektiver Unrechtsbegriff noch eine reine Rechtsgüterabwägung führen weiter, sondern allein die Wertung der Pflichtenstellung. Unter diesem Gesichtspunkt können dann allerdings in den Beziehungen der einzelnen Mitglieder der Rechtsgemeinschaft zueinander Unterschiede anerkannt werden. Diese können zu differenzierten Forderungen im Verhalten des einzelnen zu bestimmten anderen Rechtsgenossen führen.

4. Rückblick auf die Thematik der Untersuchung

Der Gang der Untersuchung hat im vorliegenden Teil ein eigenartiges Ergebnis gezeigt:

Die Befugnisse zur Rettung bestimmter naher Familienangehöriger gehen weiter als die zur Rettung des eigenen Lebens. Diese Meinung ist, soweit ich sehe, bisher noch nicht vertreten worden. Dies muß zur Skepsis Anlaß geben. Es gilt daher, noch einmal kurz dem Wege zu folgen, der zu diesem Ergebnis führte.

Ausgangspunkt der Betrachtung war die Herausstellung der sozialen Rollenstellung des einzelnen. Eine Wertung dieser Sozialstellung erfolgte nicht gemäß einer objektiven Unrechtslehre – ihr wären Differenzierungen nicht möglich gewesen –, sondern gemäß einer personalen Unrechtslehre. Innerhalb dieser Wertung wurde die Unverbrüchlichkeit der Treuebeziehung innerhalb der Familie als ein unbedingter Höchstwert anerkannt. Die Entscheidung unserer Rechtsordnung ist eindeutig. Die Rechtsgemeinschaft sieht den einzelnen als verantwortlich lebendes Glied der Gemeinschaft. Seine Verantwortung innerhalb der engsten Gemeinschaft geht soweit, selbst das eigene Leben den Werten dieser Gemeinschaft aufzuopfern. Dann aber ist es kein Widerspruch, daß die Rechtsordnung unter Umständen Handlungen mißbilligt, wenn sie zur Rettung des eigenen Lebens vorgenommen werden, nicht aber dann, wenn sie das Leben eines nahen Angehörigen retten sollen.

Zusammengefaßt kann daher festgestellt werden, daß eine Handlung, die den Tod eines anderen Menschen zur Folge hat, nicht pflichtwidrig ist, wenn sie

a) in der Absicht der Rettung des Lebens eines Angehörigen erfolgt, mit dem der Handelnde in häuslicher Familiengemeinschaft lebt,

b) der Handelnde die Gefahr nicht durch Einsatz des eigenen Lebens abwenden kann, und

c) der gefährdete Angehörige die Gefahr nicht frei und bewußt auf sich genommen hat.

IV. Handlungen zur Rettung anvertrauter Personen

1. Die Rettungshandlung kostet Familienangehörige oder Dritte das Leben

Die Beurteilung von Handlungen zur Rettung anvertrauter Personen, die den Tod Familienangehöriger oder Dritter bewirken, ist oben bereits durchgeführt worden.

a) Die Rettungspflicht den Familienangehörigen gegenüber, mit denen der Handelnde in häuslicher Gemeinschaft lebt, geht der Rettungspflicht gegenüber anderen anvertrauten Personen vor.

b) Die besondere übernommene Pflicht anvertrauten Personen gegenüber verpflichtet zu erhöhtem persönlichem Einsatz, gewährt aber keine besonderen Eingriffsrechte in die Sphäre anderer Personen.

Das Motiv der Rettung anvertrauter Personen ist daher nicht geeignet, das Unwerturteil über die Tötungshandlung abzuwenden, soweit damit Lebenschancen Familienangehöriger oder Dritter zugunsten der anvertrauten Personen vernichtet werden.

Anderes gilt aber bei Chancengleichheit des Dritten und des Anvertrauten.

Gesetzt der Fall, A, der Schwimmlehrer des B, hört zur gleichen Zeit die Hilferufe des B und des C. Die Entscheidung ist hier eindeutig. Da er verpflichtet ist, die Rettung des B zu betreiben, soweit seine Kräfte es ermöglichen, ist er gehalten, den B zu retten. Doch ist hier zu beachten, daß diese Entscheidung darin begründet ist, daß B nicht auf Kosten der Chancen des C gerettet wird, vielmehr C nur Chancen gehabt hätte, wenn A nicht in einer besonderen Pflichtenstellung zu B gestanden hätte[48]).

Im einzelnen ist allerdings in solchen Fällen scharf abzuwägen, ob wirklich von einer Chancengleichheit gesprochen werden kann. Stellt man sich den Fall vor, der Busfahrer stehe nach einem plötzlichen Ausweichmanöver in der Situation, entweder so zu bremsen, daß einige Fahrgäste zu Tode kommen oder in einen entgegenkommenden Personenwagen hineinzufahren, könnte zunächst auch die Wertung naheliegen, die Lebenschancen beider Parteien seien gleich. Diese Betrachtungsweise wäre nichtsdestoweniger schief. Hier ist nämlich zu berücksichtigen, daß die Gefahr sich im Bereich des Autobusses realisiert hat. Die Fahrgäste erhalten erst dann eine echte Lebenschance, wenn die Gefahr, in der sie schweben, auf Dritte geleitet wird. Hier nun wiederum ist der Gesichtspunkt des übernommenen Risikos zu berücksichtigen. Wer sich auf ein gefährliches Unternehmen – und ein solches ist der Straßenverkehr – einläßt, ist in erster Linie verpflichtet, die sich in seinem Bereich entwickelnden Gefahren zu tragen. Auch derjenige, der besonders verpflichtet ist, diese Gefahren zu steuern – im vorliegenden Fall der Busfahrer –, ist nur verpflichtet, eigene Kräfte zur

---

[48]) Die Frage der Wertung im Falle der Chancengleichheit Gleichgestellter wird unten noch eingehend erörtert werden.

Rettung einzusetzen. Ihm ist aber nicht gestattet, die Gefahr in den Bereich nicht unmittelbar Beteiligter zu lenken. Damit würde er die eigene Position auf Kosten anderer verbessern. Eine derartige Verhaltensweise muß die Rechtsgemeinschaft mißbilligen, und zwar gleichgültig, ob sie der Gefährdete selbst vollbringt oder jemand, der zu seiner Hilfe berufen ist.

2. Die Rettungshandlung kostet das eigene Leben

Auch diese Problemstellung ist bereits erörtert worden[49]). Es wurde festgestellt: Der einzelne hat die Pflicht, jene Gefahren zu bestehen, die sich aus einer besonderen Situation ergeben, wenn seine Aufgabe gerade darin begründet ist, diese Gefahren von anderen abzuwenden, auch wenn er bei der Gefahrabwendung zu Tode kommt.

3. Rückblick auf die Thematik der Untersuchung

Zusammengefaßt ist festzustellen, daß die Untersuchung in diesem Abschnitt keine neuen Ergebnisse zutage gefördert hat. Die bisher gefundenen Grundsätze zur Beurteilung von Lebensrettungshandlungen bedürfen daher an dieser Stelle keiner erneuten Modifizierung.

V. Handlungen zur Rettung Dritter

1. Ungeklärte Problemlagen

Bisher ist dargelegt worden, daß der einzelne nicht verpflichtet ist, der Rettung beliebiger Dritter das eigene Leben zu opfern. Tut er es dennoch, so hat die Rechtsgemeinschaft seine Entscheidung zu achten.

Als pflichtwidrig hingegen wurde das Verhalten gewertet, wenn es zwar einen anderen Menschen vor dem Tode rettet, doch den Tod eines Familienmitgliedes, mit dem der Täter in häuslicher Gemeinschaft lebte, zur Folge hatte.

Bei der Entscheidung schließlich, entweder das Leben eines anvertrauten Menschen oder das eines Dritten zu retten, handelte der Täter pflichtgemäß, indem er sich für das Leben der anvertrauten Person entschied. Das galt aber nur, soweit dadurch nicht in Lebenschancen Dritter eingegriffen wurde. Insofern rundet sich allmählich das Bild. Unproblematisch ist auch die an dieser Stelle noch zu behandelnde scheinbare Problematik der Rettung Dritter auf Kosten anderer Dritter. Wer etwa im Karneades-Fall den Brettbesitzer von der Planke stößt, damit der Schwimmer sich auf diese retten kann, handelt pflichtwidrig. Der Fall liegt so, als wenn der Schwimmer selbst die Tötungshandlung ausgeführt hätte[50]). In beiden Fällen greift jemand in die Lebenschancen eines Dritten zugunsten eines anderen ein. Er spielt Schicksal in einer Art und Weise, die die Rechtsordnung nicht dulden kann.

---

[49]) Vgl. oben unter II. 2. S. 89ff.

[50]) Vgl. hierzu auch Roxin, Tatherrschaft a.a.O. S. 152

Damit ist auch der Fall des Bahnbeamten entschieden, der vor der Frage steht, dem ins Tal rasenden Güterwagen seine Bahn zu lassen, wobei zahlreiche Menschen zu Tode kommen, oder ihn auf ein Nebengleis zu lenken, wo wenige bisher nicht gefährdete Streckenarbeiter getötet werden[51]); indem der Beamte die Weiche umstellt, greift er in die Lebenschancen bisher Nichtgefährdeter ein. Ihre Chancen werden zugunsten Dritter vernichtet. Eine Abwägung nach der Zahl der Menschenleben ist – wie oben gezeigt wurde – nicht möglich. Damit aber ist die Handlung des Beamten pflichtwidrig.

Es verbleibt nunmehr noch ein Problemkreis, der zwar schon gestreift, jedoch noch nicht eingehend erörtert wurde: Wie ist das Verhalten desjenigen zu beurteilen, der aus einer Schar Todgeweihter einige rettet, das Ende der übrigen dadurch aber beschleunigt?

Dabei bleibt das Auswahlproblem in seiner Konstellation gleich, je nachdem ob die Auswahl aus einem Kreise Dritter, Anvertrauter oder Familienangehöriger zu treffen ist. Der Handelnde hat jeweils die gleiche Pflichtenstellung gegenüber sämtlichen Gefährdeten. Es handelt sich nicht um das Problem der Entscheidung zwischen zwei Pflichtenstellungen; zur Erörterung steht allein die Auslegung einer einzigen Pflicht und ihres Umfangs.

Hierher gehört zunächst die Problematik der Euthanasiefälle[52]).

Deutlich wird die Situation auch an folgendem Beispiel: Der Bergsteiger A kommt an den Steilhang, an dem B und C abgestürzt sind. Beide pendeln an einem Felsbrocken, und zwar jeder an einer Seite über dem Abgrund. A kann entweder den B oder den C mit eigener Hand auf den rettenden Bergvorsprung ziehen. Geschieht das aber, so stürzt jeweils der andere in den Abgrund, da dann das Gleichgewicht verloren ist.

Weiter gehört hierher der Fall des Arztes, der, an eine Unglücksstelle gerufen, zwei Schwerverletzte vorfindet. Operiert er den einen, so stirbt der andere in der Zwischenzeit mit Sicherheit.

Einer ähnlichen Situation steht der Feuerwehrmann gegenüber, der in einem brennenden Haus 6 Kinder vorfindet, jedoch nur 3 forttragen kann, wobei sicher ist, daß die zurückbleibenden Kinder unrettbar verloren sind[53]). Gleiches gilt für den Kreisrichter, der von 10 Geiseln einen als Täter bezeichnen kann, um die anderen zu retten, oder aber 9 auswählen muß aus der Zahl von 10[54]).

In der Problematik identisch ist schließlich der Konflikt des Fährmannes[55]), der einen Teil der Kinder ins Wasser stoßen muß, will er den Rest sicher ans andere Ufer bringen, bzw. der Konflikt des Kapitäns, der bestimmen muß, wer aus der Zahl der Matrosen über Bord geworfen werden soll, um zu verhindern, daß das Boot mit Passagieren und Matrosen untergeht.

---

[51]) Vgl. oben S. 3 unter b)
[52]) Vgl. hierzu oben S. 2
[53]) Vgl. hierzu oben S. 52 unter ll)
[54]) Vgl. hierzu oben S. 51 unter ii)
[55]) Vgl. hierzu oben S. 52 unter mm)

2. Lösungsweg

Die verschiedenen vertretenen Lösungswege sind bei der Erörterung der derzeitigen Lehrmeinungen bereits aufgezeigt worden. Es kann hier nicht der Ort sein, die einzelnen Argumente noch einmal zu wiederholen, um zu zeigen, warum dem Handelnden jeweils entweder ein Rechtfertigungs-, ein Entschuldigungs- oder ein persönlicher Strafausschließungsgrund zuerkannt wurde. Aber die Fragestellung gegenüber der hier untersuchten Problemlage bedarf der Überprüfung. Stellt man nämlich die Frage, ob die Rechtsordnung es billigen könne, daß jemand 50 ihm anvertraute Personen bzw. Dritte tötet, um andere Personen zu retten, so ist es leicht, diese Frage zu verneinen. Jedoch ist diese Fragestellung nur einseitig und demgemäß schief. Sie wird der Bedeutung des Problems nicht gerecht, kann vor allem nicht berücksichtigen, daß es sich hier um die rettende Auswahl aus einem Kreise Todgeweihter handelt. Die Fragestellung muß demnach heißen: Darf jemand die Rettung eines Menschen unterlassen, wenn die Rettungshandlung den Tod eines anderen Menschen zur Folge hat, ohne die rettende Handlung aber beide zu Tode kommen?

In der Tat gibt es ein Argument, das für die Bejahung dieser Frage spricht, und letztlich beruhen darauf auch alle Stellungnahmen, welche in den Euthanasiefällen einen Ausschluß der Rechtswidrigkeit ablehnen: In derartigen Situationen walte ein unglückseliges Schicksal. Hier könne der einzelne nur noch darauf achten, daß er nicht auch Schuld auf sich lade. Das tue er aber, wenn er handele und nicht allen die Rettung bringen könne.

Es bedarf keiner Darlegung, daß der einzelne in der hier beschriebenen Lage in einer tragischen Situation steht. Seine Entscheidung kann ihn in Konflikte stürzen, in denen er vor sich selber keine Lösung findet. Darf er aber deshalb der Entscheidung ausweichen? Das ist abzulehnen. Die Pflicht z.B. des Arztes in den Euthanasiefällen ging dahin, das Wohl aller Patienten zu erreichen. Wurde die Erfüllung dieser Pflicht objektiv unmöglich, so waren die Ärzte nicht aus jeder Pflicht ihren Patienten gegenüber entlassen. Sie standen nun vor der Aufgabe, so viele ihrer Schutzbefohlenen zu retten, wie ihnen bei Einsatz aller Kräfte möglich war. D.h. sie mußten ihre Mitwirkung an der Euthanasieaktion solange verweigern, wie dies im Interesse auch nur eines einzigen Patienten vertretbar war. Stand die Entscheidung aber bevor, nunmehr entweder alle Patienten Ärzten zu überlassen, die die Aktion bereitwillig durchführten, oder aber durch Miterstellung von Verlegungslisten wenigstens einen Teil der Kranken zu retten, so fordert ihre Pflichtenstellung das letztere.

Eine derartige Entscheidung zeugt von menschlicher Größe, weil sie im Bewußtsein des Scheiterns dennoch darauf gerichtet ist, Verantwortung zu realisieren. Nur sie kann einem Menschenbild gemäß sein, das begründet ist auf der Freiheit und Verantwortung des einzelnen. Wird dies dennoch von der herrschenden Lehre bestritten, so muß das bedenklich erscheinen. Legt es doch Zeugnis ab von einer ungemäßen Haltung. Es ist Beweis, daß eine wirklich verantwortliche Entscheidung Ausnahmecharakter erhält, ja, daß das Bewußtsein wahrhaft verantwortlicher Entscheidung im Begriff ist, verloren zu gehen. Leider breitet diese Haltung sich aus. Die verantwortliche Entscheidung des einzelnen ist selten geworden. Instanzen, Kontrollen und Kommissionsbeschlüsse sind an ihre Stelle getreten. Stets ist es eine möglichst anonyme Menge, der die Entscheidung zugesprochen wird. Jeder ist ein Rädchen, mitentscheidend, aber nicht entscheidend. Jeder hat die Möglichkeit, die Verantwortung von sich auf andere abzuwälzen, die wiederum beweisen können, daß sie die eigentliche Entscheidung gar nicht getroffen haben. »Es ist wie ein dichter Nebel, worin die Menschen handeln, wenn nicht gegenüber der gesamten Daseinsordnung aus anderem Ursprung ein Wille des Menschen selbst zur Herrschaft kommt und gilt[56]).«

Wo aber der Mensch noch als verantwortungsbewußtes, freies Wesen gedacht wird, da hat er auch die Aufgabe, Entscheidungen noch angesichts des Scheiterns zu treffen. Auch in dieser Situation gibt es für ihn keinen billigen Kompromiß. Er hat nur das Entweder-Oder. »Er weiß, daß er scheitern kann, kennt die ursprüngliche Resignation in bezug auf das Dasein als Dauer und kennt die Seinswirklichkeit im echten Scheitern[57]).«

Hatten die Ärzte in den Euthanasiefällen keine reale Möglichkeit mehr, alle Patienten zu retten, so mußten sie alles tun, um möglichst viele zu retten, genau wie der Arzt, der vor der Frage steht, welchen Patienten er zuerst operieren soll. Die Entscheidung ist freigegeben in bezug auf die Auswahl. Es muß aber alles getan werden, um so viele Menschen wie möglich zu retten. Gleiches gilt für den Feuerwehrmann, dem genannten Kreisrichter usw. Wer nicht alle Personen retten kann, muß so viele retten, wie es ihm möglich ist. Dann allerdings kann die Rechtsordnung seine Handlung auch nicht mißbilligen.

Dagegen sei nicht eingewandt, dem Dritten werde hier eine Entscheidungsmacht eingeräumt, die dem einzelnen, der sich selbst in der Gefahr befindet, gerade abgesprochen wird. Es sei erinnert an den Ballonfahrer: Je nachdem, rettete sich der eine der Ballonfahrer, kam der andere zu Tode. Dennoch ist der Unterschied in der Beurteilung gerechtfertigt. Er folgt zwingend aus der jeweils unterschiedlichen Pflichtensituation des Handelnden. Die Ballonfahrer befanden sich in einer Gefahrengemeinschaft, diese prägte ihr Verhältnis zueinander. Der Dritte steht nur vor dem Problem, so viele Leben zu retten wie es ihm möglich ist, vorausgesetzt, daß sonst die Gesamtheit der Gefährdeten zu Tode kommt.

3. Rückblick auf die Thematik der Untersuchung

Zusammengefaßt ist in diesem Abschnitt der Erörterung festzustellen: Nicht pflichtwidrig ist eine Handlung, die den Tod anderer zur Folge hat, wenn sie in der Absicht der Rettung des Lebens einer möglichst großen Anzahl von Menschen aus einer Zahl Todgeweihter erfolgt und der Handelnde keine Möglichkeit hat, alle zu retten.

---

[56]) Jaspers, Geistige Situation a.a.O. S. 53
[57]) ebendort S. 74

Wird dieses Kriterium auf den Ausgangsfall des Busfahrers angewandt, der in dieser Alternative nur die Möglichkeit hat, den Bus zu stoppen, indem er dem Schicksal seinen Lauf läßt, wobei alle Fahrgäste zu Tode kommen, oder aber ein Schleudern zu verursachen, das je nachdem die links bzw. rechts im Bus Sitzenden zu Tode bringt, so ist die Entscheidung klar. Der Fahrer muß sich für das Herumschleudern entscheiden; seine Pflicht ist es, das Leben möglichst vieler Fahrgäste zu erhalten, wenn er das Leben aller nicht retten kann. Diese Entscheidung mag ihn in einen tiefen persönlichen Zwiespalt stürzen. Dies ist das Wesen jeder Tragik. Die Rechtsordnung mißt mit gröberen Maßstäben. Sie kann hierauf keine Rücksicht nehmen.

VI. Rück- und Ausblick

1. Rückblick

Die Untersuchung steht damit am Ende. Es ist ihr nicht gelungen, eine Definition der Rechtswidrigkeit zu geben, d.h. sie begrifflich derartig zu definieren, daß das Rechtswidrigkeitsurteil im Wege der Subsumtion jeweils festgestellt werden kann. Das war aber auch nicht das Anliegen der Arbeit. Schon die Beschreibung des Inhaltes des Unwerturteils hatte nämlich gezeigt, daß es sich hier um eine komplexe Erscheinung des Soziallebens handelte. Der sich hier darbietende Sinngehalt konnte nicht in einem abstrakten Begriff erfaßt werden, der zugleich auch die Fülle des Sinnes vermittelte, den das Unwerturteil meint. Möglich war es allein, durch Aufzeigen wesentlicher Einzelzüge sinnvoll den Gesamtzusammenhang zu beschreiben. So konnte aus der Betrachtung der charakteristischen Einzelzüge das Ganze erhellt werden. Die Gesamtbetrachtung vermag nun den inneren Zusammenhang deutlich werden zu lassen und so ein echtes Verständnis des Rechtswidrigkeitsurteils zu ermöglichen.

Anknüpfungspunkt der Überlegungen war das in Lehre und Rechtsprechung umstrittene Problem des Pflichtenkonflikts. Einen Hinweis auf den möglichen Raum der Lösung dieses Konfliktes gab die Feststellung, daß das Recht eine Einheit vieler Regeln, d.h. eine Ordnung darstellt, und zwar eine Verhaltensordnung, das ist aber eine Pflichtenordnung[58]). Es mußte der Satz gelten, rechtswidrig ist, was pflichtwidrig geschieht. Da aber nur eine rechtswidrige Verhaltensweise strafrechtlich interessiert, lautete das Problem des Pflichtenkonflikts: wann handelt der Pflichtträger pflichtwidrig, d.h. bei Verletzung rechtlicher Pflichten rechtswidrig? Der Raum für die Lösung des Pflichtenkonflikts war damit abgesteckt.

Bevor aber eine inhaltliche Ausfüllung des Pflichtwidrigkeitsurteils versucht werden konnte, galt es, den Gegenstand festzulegen. Der Begriff der

---

[58]) Auch die Tatsache der Existenz von Normen, die gerade besondere Befugnisse für den einzelnen begründen, konnte diese Feststellung nicht erschüttern, da hier der Pflichtcharakter der Norm denen gegenüber zum Ausdruck kommt, die diese Befugnisse achten müssen.

Pflicht mußte umrissen (a) und sodann mußte klargestellt werden, welche Möglichkeit seiner Ausfüllung der Rechtsordnung zu Gebote stehen (b).

a) Jeder Betrachtung einzelner Pflichtwidrigkeit muß der Gedanke der Pflicht vorausgegangen sein. Der Begriff der Pflicht umschließt nämlich einen bestimmten Sinn, der jedesmal mitgemeint ist und auch von Juristen vorausgesetzt wird, wenn von einzelnen bestimmten Pflichten oder ihrer Verletzung die Rede ist. Dieser Sinn entstammt nicht dem jeweils positiven Recht, sondern liegt ihm bereits als Möglichkeit zur positiven Gestaltung zugrunde[59]).

b) Die Möglichkeit der inhaltlichen Ausfüllung des Pflichtbegriffes durch die Rechts- und Kulturordnung – wobei der innere Zusammenhang zwischen diesen beiden Ordnungen aufgezeigt wurde – führte sodann in die Erörterung einzelner Unrechtslehren. Sie wurden geprüft darauf, wieweit sie in der Lage waren, einen Sinngehalt menschlichen Verhaltens unter dem Gesichtspunkt eines Unwerturteils umfassend zu würdigen. Dieser Weg führte zur Anerkennung einer personalen Unrechtslehre.

Aus dem Gegenstand der Untersuchung wurden sodann die heute in der Lösung unstreitigen Fälle des Konflikts der Erhaltung höher- und niederrangiger Rechtsgüter bzw. anerkannt rangverschiedener Rechtspflichten ausgeklammert. Die Erörterung beschränkte sich auf die Prüfung der als »unlösbar« bezeichneten Pflichtenkollisionen: Die Rettung unvergleichbarer und unmeßbarer Rechtswerte erforderte zugleich die Vernichtung gleicher Rechtsgüter.

Der Versuch, aus der historischen Behandlung des Themas allgemeine Prinzipien für eine zeitgemäße Lösung herauszufinden, schlug fehl. Er brachte nämlich einen Überblick nicht über langsam gewachsene und anerkannte Lösungswege, sondern allein über eine wirre Vielfalt verschiedener Meinungen zu Einzelfallösungen.

Damit war die Notwendigkeit begründet, eigene Wege zu beschreiten. Sie führten nicht zu einer einheitlichen Lösung der aufgeworfenen Problemfälle. Je nach den grundsätzlichen tatsächlichen Verschiedenheiten der Fallgestaltungen und der jeweiligen Pflichtenstellung des Handelnden ergaben sich drei Prinzipien der inhaltlichen Ausfüllung des Unwerturteils:

Verhaltensweisen, die den Tod eines oder mehrerer Menschen zur Folge haben, sind nicht rechtswidrig, wenn sie

a) in der Absicht der Rettung des eigenen Lebens erfolgen,

aa) nicht Lebensrettungschancen des Betroffenen vernichten, um die Chancen des Handelnden zu erhöhen, und

---

[59]) Vgl. Larenz, Methodenlehre a.a.O. S. 354: »Derartige Begriffe (scil. der der Pflicht) haben daher die Bedeutung von Kategorien oder konstitutiven Prinzipien des Rechtlichen; sie sind »apriorische Sinnbegriffe«, nicht notwendig in einem erkenntnistheoretischen, wohl aber in einem positivrechtlichen Sinn: Mag ihr Inhalt auch durch das allgemeine Rechts- und Kulturbewußtsein, also historisch, mitbedingt (nicht im Sinne reiner Logik und Mathematik zeitlos gültig) sein, so »entstammen« sie doch nicht dem jeweiligen positiven Recht, sondern liegen ihm als »Bedingungen seiner Möglichkeit« im »objektiven Geist« der Rechts- und Kulturgemeinschaft zugrunde.«

bb) der Handelnde weder zum Bestehen noch zum Übernehmen der Gefahrenlage verpflichtet ist.

aaa) Zum Bestehen der Gefahrenlage ist verpflichtet, wer kraft sozialer Wertung Garant für das Leben anderer ist auf Grund besonderer übernommener Pflichtenstellung.

bbb) Übernehmen muß die Gefahr, wer kraft häuslicher Familiengemeinschaft verantwortlich ist für das Wohlergehen anderer.

b) in der Absicht der Rettung des Lebens eines Angehörigen erfolgen, mit dem der Handelnde in häuslicher Familiengemeinschaft lebt, und

aa) der Handelnde die Gefahr nicht durch Einsatz des eigenen Lebens abwenden kann, und

bb) der gefährdete Angehörige die Gefahr nicht frei und bewußt auf sich genommen hat.

c) in der Absicht der Rettung des Lebens einer möglichst großen Anzahl von Menschen aus einer Schar Todgeweihter erfolgen und der Handelnde keine Möglichkeit hat, alle zu retten.

Die Bewertung der Rettungshandlung als nicht rechtswidrig bedeutet keineswegs eine Ausweitung der Handlungsbefugnisse einzelner zugunsten anderer Rechtsgenossen, in deren Rechtsgüter willkürlich eingegriffen wird. Die Wertung der Verteidigungshandlung ist vielmehr gemäß der Pflichtenstellung des Betroffenen vorzunehmen. Nicht einer Notwehr gegen rechtmäßige Handlungen wird daher das Wort geredet, vielmehr gilt es, nicht schematisch vorzugehen, sondern jede einzelne Handlung sorgfältig zu werten.

Auch bedeutet die Verneinung der Rechtswidrigkeit der Handlung nicht eine Wertung dahingehend, die Handlung sei rechtmäßig, d.h. in einem besonderen Maße von der Rechtsordnung gutgeheißen. Die Behauptung, die Alternative rechtswidrig oder rechtmäßig lasse keine dritte Möglichkeit zu, die Verneinung der Rechtswidrigkeit bedeute stets Bejahung der Rechtmäßigkeit[60]), ist weder richtig noch sinnvoll.

Unter dem Gesichtswinkel strafrechtlicher Beurteilung kann die Verneinung der Rechtswidrigkeit nur bedeuten, die Rechtsgemeinschaft belege die Handlung nicht mit einem kriminellen Unwerturteil. Weiter will und kann die Strafrechtsordnung nicht Stellung nehmen. Sie interessiert allein die Ahndung krimineller Unwerte. Darüber hinaus aber wäre es sinnlos, in der Verneinung des kriminellen Unwertes eine positive Stellungnahme zu sehen. Wenn z.B. der Gebrauchsdiebstahl an einem Gartengerät o.ä. strafrechtlich nicht mit einem Unwerturteil belegt wird, so ist es doch sinnwidrig zu behaupten, die Strafrechtsordnung billige diese Handlungsweise im besonderen Maße. Ein solches Urteil will die Strafrechtsordnung doch gar nicht abgeben. Ihr kommt es allein darauf an, ob ein Verhalten zu mißbilligen ist oder nicht. Dies gilt auch für eine tatbestandlich umschriebene Verhaltensweise. Für sie besteht die Vermutung einer rechtlichen Mißbilligung.

---

[60]) Vgl. zu diesem Streit aus neuerer Zeit Horn a.a.O. S. 24 und die dort Zitierten.

Liegt jedoch ein Unrechtsausschließungsgrund vor, so steht damit nicht eine positive Billigung der Verhaltensweise fest, es ist lediglich gesagt, daß eine Mißbilligung nicht festgestellt wird.

Der Sinngehalt, der in den genannten Einzelprinzipien jeweils von einer anderen Ausgangsbasis her Ausdruck fand, ist das Prinzip des Vorranges des jeweils höherrangigen Interesses. Insofern finden sich hier einzelne Ausgestaltungsformen des übergesetzlichen Notstandes, soweit nicht allein die Wertung kollidierender Güter, sondern die rangverschiedener Pflichten betrachtet wird. Dies ist keine neue Erkenntnis, da – wie gezeigt – bereits das Reichsgericht[61]) die Pflichtenkollision der Rechtsgüterkollision gleichstellte. Wenn dennoch die hier untersuchten Fälle in der Lösung umstritten sind, so beruht das letztlich darauf, daß heute der Rechtsgütergedanke derart in den Vordergrund getreten ist, daß die Bedeutung der Pflicht nicht mehr erkannt wird. Hier nun sollte versucht werden, die maßgeblichen Sinnzusammenhänge neu zu erhellen, indem ihre charakteristischen Züge aufgezeigt wurden.

Das oberste Prinzip – und das der Rechtfertigung scheint mir das des übergesetzlichen Notstandes zu sein – muß als solches zwangsläufig inhaltsarm sein, weil sein Anwendungsbereich umfassend ist. Die Fülle des Sinnes, dem das Prinzip abstrakt Ausdruck verleiht, bleibt verschlossen. Das Prinzip ist gleichsam äußere Hülle, Schale[62]).

Zwei Auswege stehen offen: Der Verzicht auf weitere Ausfüllung, um einer intuitiven Schau gleichsam Raum zu geben, oder die exakte Beschreibung typischer Konstellationen, um die Leitgedanken des Prinzips zu charakterisieren.

Den ersten Weg verbietet das Prinzip der Rechtssicherheit. Der zweite aber ist uns auf dem Gebiet der Rechtfertigung doch schon seit langem bekannt. Noch bevor nämlich das Prinzip des sog. übergesetzlichen Notstandes zur Erörterung stand, war die Methodik exakter Fassung einzelner rechtfertigender Typen angewandt worden. Was nämlich bedeutet denn das Prinzip der Notwehr, der Selbsthilfe, der Besitzwehr oder ähnliches anderes als eine Wertung von Rechtspflichten in bestimmten typischen Konfliktsituationen? Dennoch bedarf es auch nach der Erkenntnis des Grundprinzips der einzelnen typischen Grundformen um der Rechtssicherheit willen. Sie erst ermöglichen Rechtssicherheit, da sie inhaltlich erfüllt dastehen. In diesem Sinne stellt die vorliegende Untersuchung einen Beitrag zur Ausfüllung des Rechtfertigungsprinzipes dar.

Wenn das Resultat der Betrachtung mit dazu führt, die Vorrangstellung des objektiven Rechtsgüterdenkens zu beseitigen, so ist das Werk gelungen: Dort nämlich, wo innerhalb der Unrechtswertung das Rechtsgüterdenken versagt, weist die Pflichtenstellung neue Wege. Die rechtliche und kulturelle Entwicklung innerhalb unserer Sozietät hat bereits derart differenzierte

---

[61]) RGSt 61/254

[62]) Vgl. Larenz, Methodenlehre a.a.O. S. 354

Pflichtenstellungen hervorgebracht, daß auch die Rechtsordnung an diese Bezüge anknüpfen kann. Nur dann wird eine gemäße Wertung verschiedener Verhaltensweisen zu gewährleisten sein.

Die inhaltlichen Elemente der materiellen Rechtswidrigkeit unterliegen der kulturellen Entwicklung, mag ihr Kern noch so fest gefügt in ethischen und sozialen Grundlagen liegen. Die Entwicklung wird neue Problemstellungen zeigen, individuelle Besonderheiten bilden sich heraus[63]). Hier beginnt die Aufgabe des Richters, der in verantwortungsbewußter Entscheidung Tradition und fortschrittliche Erkenntnis in seiner Entscheidung zum Tragen bringen muß. Hier auch liegt die Aufgabe des Gesetzgebers: Offen für die Entwicklung muß er diese steuern, sollen nicht letztlich richterliche Entscheidungen zeitgemäß und gerecht, aber ungesetzlich erscheinen.

2. Ausblick

Betrachten wir den gegenwärtigen Rechtszustand und die hier gezeigten Richtungen und fragen, wieweit der Gesetzgeber sich der aufgezeigten Entwicklung angenommen hat bzw. welche Tendenzen und Möglichkeiten ihrer gesetzlichen Kodifizierung bestehen, so gilt es festzustellen, wie der Entwurf 1962 zu den untersuchten Problemen steht.

Die maßgebliche Regelung findet sich in den §§ 39, 40:

§ 39
Rechtfertigender Notstand

(1) Wer in einer gegenwärtigen, nicht anders abwendbaren Gefahr für Leben, Leib, Freiheit, Ehre, Eigentum oder ein anderes Rechtsgut eine Tat begeht, um die Gefahr von sich oder einem anderen abzuwenden, handelt nicht rechtswidrig, wenn bei der Abwägung der widerstreitenden Interessen, namentlich der betroffenen Rechtsgüter und des Grades der ihnen drohenden Gefahren, das von ihm geschützte Interesse das beeinträchtigte wesentlich überwiegt. Dies gilt jedoch nur, soweit die Tat ein angemessenes Mittel ist, die Gefahr abzuwenden.

(2) Nimmt der Täter bei Begehung der Tat irrig Umstände an, ...

§ 40
Entschuldigender Notstand

(1) Wer in einer gegenwärtigen, nicht anders abwendbaren Gefahr für Leben, Leib oder Freiheit eine rechtswidrige Tat begeht, um die Gefahr von sich, einem Angehörigen oder einer anderen ihm nahestehenden Person abzuwenden, handelt ohne Schuld, wenn ihm nicht zugemutet werden kann, die Gefahr für das bedrohte Rechtsgut hinzunehmen.

(2) Nimmt der Täter bei Begehung der Tat irrig Umstände an, ...

Zunächst fällt in § 39 auf, daß von einer Interessenabwägung die Rede ist. Dies kann unter den hier eröffneten Gesichtswinkeln als Vorteil in der Formulierung des bisherigen übergesetzlichen Notstandes angesehen werden, da sich unter den Begriff der Interessenabwägung mühelos Rechtsgut- und Rechtspflichtenabwägungen einordnen lassen.

---

[63]) Vgl. auch Schaffstein, Pflichtverletzung, a.a.O. S. 16ff.

Als Mangel muß jedoch die Betonung des Rechtsgütervergleichs angesehen werden. Für diesen Vorrang gibt die Rechtssituation keine Grundlage[64]). Insgesamt kann aber festgestellt werden, – da das Güterabwägungsprinzip zwar in den Vordergrund gerückt, nicht aber zum allein legitimen Kriterium emporgehoben wurde – daß in § 39 der sog. übergesetzliche Notstand seine Kodifizierung gefunden hat.

§ 40 E 1962 bringt gegenüber § 54 StGB insoweit eine erhebliche Neuerung, als die Handlung nicht nur entschuldigt werden soll, wenn der Täter zur Rettung des eigenen Lebens bzw. der des Lebens bestimmter Angehöriger handelt, sondern auch wenn er Gefahren von »anderen ihm nahestehenden Personen« abwenden will. Hier geht der Entwurf über die geltende Rechtslage hinaus in einer Weise, der nur zugestimmt werden kann.

Der Hinweis auf die Zumutbarkeit allerdings gibt zu Besorgnis Anlaß. Er deutet darauf hin, daß der Gesetzgeber davon ausgeht, selbst dann, wenn dem Täter von der Rechtsgemeinschaft kein anderes Verhalten zugemutet wird bei der Wahrung von Leben, Leib oder Freiheit, liege eine rechtswidrige Handlung vor. Das bedeutet aber, daß der Gesetzgeber hier der herrschenden Meinung gefolgt ist, die grundsätzlich in den in der Untersuchung behandelten Fallagen nur eine Entschuldigung des Täters erwägt[65]).

Diese Meinung aber ist unrichtig. Mutet die Rechtsordnung dem Täter ein anderes Verhalten nicht zu, so bringt sie damit zum Ausdruck, daß sie seine Verhaltensweise nicht mißbilligt. Dann aber fehlt es bereits an der Rechtswidrigkeit.

Die Zumutbarkeit mag innerhalb der Frage, ob dem Täter ein Verhalten als schuldhaft vorgeworfen wird, dann eine Rolle spielen, wenn feststeht, daß die Rechtsordnung grundsätzlich ein anderes Verhalten fordert, im Einzelfall aber, aus Mitleid mit dem Täter, gegen diesen keinen Vorwurf erhebt. Dies mag in den Fällen bedeutsam werden, in denen der einzelne sich zum Beispiel zur Rettung des eigenen Lebens Chancen anderer anmaßt. Wo aber die Rechtsordnung an den einzelnen gar kein anderes Ansinnen stellt, ihm also gar kein anderes Verhalten zumutet, ist die Rechtswidrigkeit zu verneinen[66]).

Wenn der Entwurf den Begriff der Zumutbarkeit verwendet, so hätte Klarheit über diese beiden Seiten des Begriffs geschaffen werden müssen. Von der hier entwickelten Konzeption her muß es jedenfalls als Mangel bezeichnet werden, daß sich bei der Erörterung des rechtfertigenden Notstandes innerhalb des Entwurfs kein Hinweis auf die Zweigleisigkeit dieses Begriffes findet.

Der Gesetzgeber ist weitgehend freigestellt in der Bildung und der Begrenzung sog. Entschuldigungsgründe. Es ist ihm überlassen, ob einem Täter eine Verhaltensweise vorgeworfen werden soll oder nicht. Die Ent-

---

[64]) Vgl. auch Gallas, Niederschriften a.a.O. S. 150, der ausdrücklich in der Erörterung des Entwurfs darauf hinwies, daß das Güterabwägungsprinzip überschätzt würde.

[65]) Vgl. hierzu auch Eb. Schmidt, Gallas und Bockelmann, Niederschriften a.a.O. S. 145 ff.

[66] Vgl. die vorzügliche Darstellung, der beiden Seiten der »Zumutbarkeit« bei Engish »Unrechtstatbestand« a.a.O.S. 420.

scheidung über den Unwert einer Handlung aber folgt aus der gesamten Rechtsordnung. An ihre großen Linien ist der Gesetzgeber bei der Neuschaffung von Einzelgesetzen gebunden, will er nicht durch umfassende Änderungen der gesamten positiven Rechtsordnung neue Wertungsakzente setzen.

Man wird zugeben müssen, daß eine derart ins einzelne gehende Beschreibung, wie sie in der vorliegenden Untersuchung vorgeschlagen wurde, präzise Leitsätze für die Lösung möglicher Fallkonstellationen gibt. Es sei zugestanden, daß die hier aufgezeigten Wege weiter ausgetreten werden müssen, d.h. die gefundenen Kriterien noch der Bewährungsprobe in der Diskussion unterliegen und sicher mancher Modifizierung fähig sind. Da die Resultate der Untersuchung nicht allgemein anerkannt sind, steht fest, daß ihre Aufnahme in einen Gesetzesentwurf zur Zeit noch nicht in Betracht kommen kann, will man überhaupt derart detaillierte Publikationen für die Aufnahme in ein Gesetz als geeignet ansehen[67]).

Dennoch muß an der Regelung des Entwurfs 1962 insoweit Kritik geübt werden, als er nicht die Möglichkeit eines der Ausfüllung bedürftigen Bereiches hinreichend deutlich kenntlich macht. Die Tatsache, daß hier Probleme gegeben sind, die nicht durch einmalige Eingruppierung durch den Gesetzgeber in einen bestimmten Bereich umfassend gelöst werden können, hätte zur Vorsicht Anlaß geben sollen.

[67]) Vgl. hierzu Roxin, Tatherrschaft a.a.O. S. 595–596

Literaturverzeichnis

Allfeld, Lehrbuch des Deutschen Strafrechts, begründet von Hugo Meyer, 8. Aufl. 1922
v. Ammon, Der bindende rechtswidrige Befehl, 1926 Strafrechtliche Abhandlungen, Heft 217
Aristoteles, Nikomachische Ethik, übersetzt und erläutert von Eug. Rolfes, 1911, Philosophische Bibliothek Bd. 5
Arndt, Umwelt und Recht – 2. Ehelicher Verkehr als Genußsucht – NJW 1963 S. 848–849
v. Bar, Gesetz und Schuld im Strafrecht – Fragen des geltenden deutschen Strafrechts und seiner Reform – Bd. III: Die Befreiung von Schuld und Strafe durch das Strafgesetz, 1909
Bauer, Lehrbuch des Strafrechts, 2. Aufl. 1833
Baumann, Strafrecht, Allgemeiner Teil, 2. Aufl. 1961
Baumgarten, Notwehr und Notstand, 1911
Beling, Grundzüge des Strafrechts, 11. Aufl. 1930
—, Die Lehre vom Verbrechen, 1906
—, Die strafrechtliche Verantwortlichkeit des Arztes bei Vornahme und Unterlassung operativer Eingriffe, ZStW Bd. 44 (1924) S. 220–244
Berlich, Conclusiones practicabiles, 1615
Berner, Lehrbuch des deutschen Strafrechts, 1. Aufl. 1857, 17. Aufl. 1895
Berner, De impunitate propter summam necessitatem proposita, 1861
Bindokat, Mehrerlei Unrecht, JZ 1958 S. 553–558
Bockelmann, Zur Strafbarkeit der Kuppelei – Bemerkungen zu dem Beschluß des Großen Senats für Strafsachen vom 17. Februar 1954 – JR 1954 S. 361–364
—, Zur Schuldlehre des Obersten Gerichtshofes, ZStW Bd. 63 (1951) S. 13–46
—, Rechtliche Grundlagen und rechtliche Grenzen der ärztlichen Aufklärungspflicht, NJW 1961 S. 945–951
—, Strafrechtliche Untersuchungen, 1957
—, Hegels Notstandslehre, 1935
—, Macht und Recht, in Veröffentlichungen der Godesberger Tagung der Deutschen Sektion der Internationalen Juristenkommission, Nov. 1959 – »Aussprachen und Referate« –
Boehmer, Meditationes in Constitutionem Criminalem Carolinam, 1770
Boldt, Johann Samuel Friedrich von Böhmer und die gemeinrechtliche Strafrechtswissenschaft, 1936
Bollnow, Einfache Sittlichkeit – Kleine philosophische Aufsätze – 2. Aufl. 1957
Brauneck, Der strafrechtliche Schuldbegriff, GA 1959 S. 261–272
Buschendorf, Recht – Sinn – Glaube Vorstudien zu einer Hermeneutik des Rechts, Diss. Hamburg 1961
Carpzow, Practica nova rerum criminalium imperialis saxonica, 1709
Cicero, De officiis – Libri tres – Teubner, Leipzig 1901
Corpus iuris canonici, 1665
Corpus iuris civilis, Band 1, Institutiones et Digesta, herausgegeben von Th. Mommsen und P. Krüger, 1911
Cox's Criminal Law Cases, Reports of Cases in Criminal Law, Ed. by Thomson and Glen, Vol. XV: 1882–1886, 1886
Doerr, Deutsches Strafrecht, 2. Aufl. 1930
Dohna, Graf zu, Die Rechtswidrigkeit als allgemeingültiges Merkmal im Tatbestand strafbarer Handlungen, 1905
Draht, Grund und Grenzen der Verbindlichkeit des Rechts, 1963, Recht und Staat, Heft 272/273
Dreher-Maassen, Strafgesetzbuch, 3. Aufl. 1959

Düwel, Rechtsbewußtsein und existentielle Entscheidung, 1961 – Abhandlung aus dem Seminar für öffentliches Recht – Universität Hamburg – Heft 50
End, Existentielle Handlungen im Strafrecht, 1959
Engisch, Die Kausalität als Merkmal der strafrechtlichen Tatbestände, 1931
—, Der rechtsfreie Raum, ZStaatsW Bd. 108 (1952) S. 385–430
—, Einführung in das juristische Denken, 2. Aufl. 1953
—, Die Einheit der Rechtsordnung, 1935
—, Anmerkung zu einer Entscheidung des BGH v. 22. 4. 1955 (BGHSt Bd. 7 S. 363 ff.) in NJW 1955 S. 1688–1689
—, Der Unrechtstatbestand im Strafrecht, in Festschrift zum hundertjährigen Bestehen des Deutschen Juristentages 1860–1960, Bd. 1, 1960, S. 401–437
—, Bemerkungen zu Theodor Rittlers Kritik der Lehre von den subjektiven Tatbestands- und Unrechtselementen, in Festschrift für Theodor Rittler, 1957, S. 165–183
—, Ärztlicher Eingriff zu Heilzwecken und Einwilligung, ZStW Bd. 58 (1939) S. 1–52
Entwurf eines Strafgesetzbuches (E 1962) mit Begründung
Erbs-Kohlhaas, Strafrechtliche Nebengesetze II. Band, herausgegeben von Max Kohlhaas, bearb. von: Erbs, Kohlhaas, Lorz, Mayer, Potrykus und Zipfel, Losebl.-Komm., 1–12. Lfg. 1963
Erdsiek, Umwelt und Recht, NJW 1959, S. 807–809
Evers, Existenzphilosophie und rechtliche Pflichtenkollision; JR 1960 S. 369–372
Feuerbach, Lehrbuch des gemeinen in Deutschland gültigen peinlichen Rechts, 10. Aufl. 1828; 14. Aufl. herausgegeben von C. J. A. Mittermaier, 1847
Fichte, Grundlage des Naturrechts nach Prinzipien der Wissenschaftslehre, 1960, Philosophische Bibliothek Bd. 256
Finger, Lehrbuch des deutschen Strafrechts Bd. 1, 1904
Fischer, Die Rechtswidrigkeit mit besonderer Berücksichtigung des Privatrechts, 1911
Flandrak, Die Präsumtionen im Strafrecht, 1933
Frank, Das Strafgesetzbuch für das Deutsche Reich, 18. Aufl. 1931
Gallas, Pflichtenkollision als Schuldausschließungsgrund, in Festschrift für Eduard Mezger, 1954, S. 311–334
—, Strafbares Unterlassen im Falle einer Selbsttötung, JZ 1960, S. 649–655 und S. 686–692
—, Zum gegenwärtigen Stand der Lehre vom Verbrechen, ZStW Bd. 67 (1955) S. 1–47
Gerland, Grundfragen des Strafrechts, 2. Aufl. 1922
Goldschmidt, Der Notstand, ein Schuldproblem, 1913, Sonderdruck aus: »Österreich. Zeitschrift für Strafrecht«, Jg. 1913, 3. u. 4. Heft
—, Ungerechtfertigter Vollstreckungsbetrieb, 1910
Grimm, Südafrikanische Novellen, Klosterhaus-Verlag, Lippoldsberg-Weser (o. Jg.)
Grolmann, Grundzüge der Criminalrechtswissenschaft, 9. Aufl. 1805
v. Gros, Lehrbuch der philosophischen Rechtswissenschaft oder des Naturrechts, 5. Aufl. 1829
Grotius, De iure belli et pacis. Libri tres, Amsterdam 1720
Hamann, Das Grundgesetz – Kommentar – 2. Aufl. 1961
Häring, Das Gesetz Christi – Moraltheologie – 1954
Hardwig, Rechtsphilosophie, ungedrucktes Skriptum, Hamburg 1962
—, Personales Unrecht und Schuld, MSchrKrim 1961 S. 194–210
—, Die Zurechnung – Ein Zentralproblem des Strafrechts – 1957
—, Der materielle Gehalt des Verbrechens. Diss. Hamburg, 1949
—, Die Gesinnungsmerkmale im Strafrecht, ZStW Bd. 68 (1956) S. 14–40
Hartmann, Ethik, 3. Aufl. 1949
Hartung, Anmerkung zu OGHBrZ v. 23. 7. 1949, NJW 1950 S. 151–157
Haunold, De Jure et Justitia Commutativa, Ingolstadt 1671
Heffter, Lehrbuch des gemeinen deutschen Strafrechts, 6. Aufl. 1857
Hegel, Grundlinien der Philosophie des Rechts, herausgegeben von Georg Lersen, 3. Aufl. 1930, Philosophische Bibliothek Bd. 124, Leipzig
Hegler, Die Merkmale des Verbrechens, ZStW Bd. 36 (1915) S. 184–232
Heidegger, Sein und Zeit, 9. unveränd. Aufl. 1960
—, Holzwege, 1952
—, Identität und Differenz, 1957

Henke, Handbuch des Criminalrechts und der Criminalpolitik, Bd. I, 1823
Henkel, Der Notstand nach gegenwärtigem und künftigem Recht, 1932
—, Zumutbarkeit und Unzumutbarkeit als regulatives Rechtsprinzip, in Festschrift für Mezger, 1954, S. 249–309
—, Recht und Individualität, 1958
v. Hippel, Ernst, Wandlungen und Problematik des Pflichtbegriffs, ARSP Bd. 31 (1937/38) S. 273–291
v. Hippel, Robert, Deutsches Strafrecht, Bd. 2: Das Verbrechen, Allg. Lehren, 1930
Hoffmeister, Wörterbuch der philosophischen Begriffe, 2. Aufl. 1955
Hold von Ferneck, Die Rechtswidrigkeit, Bd. 1, 1903; Bd. 2, 1905
Hommes, Die Existenzerhellung und das Recht, 1962
Horn, Untersuchungen zur Struktur der Rechtswidrigkeit, 1962
Hufnagel, Commentar über das StGB für das Königreich Württemberg, I. Bd. Stuttgart 1840
von Hye, Das Oesterreichische Strafgesetzbuch, Bd. I, Wien 1855
Janka, Der strafrechtliche Notstand, 1878
Jansen, Pflichtenkollision im Strafrecht, Str.Abh. Bd. 269, 1930
Jarcke, Handbuch des gemeinen deutschen Strafrechts, 1827
Jaspers, Einführung in die Philosophie, 1957
—, Von der Wahrheit, Philosophische Logik, Bd. I, 1958
—, Philosophie Bd. 2 – Existenzerhellung – 3. Aufl. 1956
—, Die geistige Situation der Zeit (1931), 5. Aufl. 1953
Kant, Kleinere Schriften zur Geschichtsphilosophie, Ethik und Politik, 2. Aufl., Philosophische Bibliothek Bd. 47/I, Leipzig 1922
—, Grundlegung zur Metaphysik der Sitten, Werke in 6 Bänden, Wissenschaftliche Buchgemeinschaft Darmstadt 1956, Bd. IV, S. 7–102
—, Kritik der praktischen Vernunft, Werke in 6 Bänden, Wissenschaftliche Buchgemeinschaft Darmstadt 1956, Bd. IV, S. 103–302
—, Metaphysik der Sitten, Werke in 6 Bänden, Wissenschaftliche Buchgemeinschaft Darmstadt 1956, Bd. IV, S. 303–634
Karding, Die Notpflicht oder Grenzen des strafrechtlichen Notstands, Diss. Kiel 1933
Kaufmann, Armin, Die Dogmatik der Unterlassungsdelikte, 1959
—, Der dolus eventualis im Deliktsaufbau, ZStW Bd. 70 (1958) S. 64–86
Kaufmann, Arthur, Die eigenmächtige Heilbehandlung, ZStW Bd. 73 (1961) S. 341–384
Die Bedeutung hypothetischer Erfolgsursachen im Strafrecht, Festschrift für Eb.
—, Schmidt, 1961, S. 200–231
Kelsen, Hauptprobleme der Staatsrechtslehre, 2. Aufl. 1923
—, Reine Rechtslehre, 2. Aufl. 1960
Kern, Schutz des Lebens, der Freiheit und des Heims. Die Grundrechte, Handbuch der Theorie und Praxis der Grundrechte, herausgegeben von Neumann, Nipperdey, Scheuner, Bd. 2, 1954, S. 51–110
—, Grade der Rechtswidrigkeit, ZStW Bd. 64 (1952) S. 255–291
Klefisch, Die nationalsozialistische Euthanasie im Blickfeld der Rechtsprechung und Rechtslehre, MDR 1950 S. 258–265
Kleinschrod, Systematische Entwicklung der Grundbegriffe und Grundwahrheiten des peinlichen Rechts nach Natur der Sache und der positiven Gesetzgebung, Erster Teil, Von Verbrechen überhaupt und derselben Zurechnung, 2. Aufl. 1799
Kohler, Das Notrecht, Archiv für Rechts- und Wirtschaftsphilosophie Bd. 8 (1914/15) S. 411–449
Kohlrausch-Lange, Strafgesetzbuch, 43. Aufl. 1961
Kraft, Die Grundlagen einer wissenschaftlichen Wertlehre, 2. Aufl. 1951
Krauß, Die Zurechnung des Erfolges im Unrechtstatbestand, Diss. Göttingen 1963
—, Erfolgsunwert und Handlungsunwert im Unrecht; ZStW 76 (1964) S. 19–68
Krüger, Verfassungsänderung und Verfassungsauslegung, DÖV 1961 S. 721–728
Kühn, Die Pflichtenkollision im Strafrecht, Diss. Leipzig 1908
Kuhn, Begegnung mit dem Nichts, 1950
Lampe, Über den personalen Unrechtsbegriff im Strafrecht, ungedruckte Diss., Göttingen 1954

Larenz, Die Rechts- und Staatsphilosophie des deutschen Idealismus und ihre Gegenwartsbedeutung, in Handbuch der Philosophie: – Staatsphilosophie – S. 80 – 188, 1933
—, Methodenlehre der Rechtswissenschaft, 1960
Laun, Naturrecht und Völkerrecht, in Jahrbuch für Internationales Recht, Bd. 4, 1954, S. 5–41
Leipziger Kommentar, begründet von Ebermayer-Lobe-Rosenberg, Band 1, Einleitung und §§ 1–152, (wenn nichts anderes vermerkt 8. Aufl. 1957), Band 2, §§ 153–370, Einführungsgesetz, 8. Aufl. 1957/58 (abgekürzt: LK)
v. Liszt-Schmidt, Lehrbuch des Deutschen Strafrechts, 26. Aufl. 1932
Maihofer, Der Unrechtsvorwurf – Gedanken zu einer personalen Unrechtslehre –, in Festschrift für Th. Rittler, 1957, S. 139–164
—, Recht und Sein – Prolegomena zu einer Rechtsontologie – 1954
—, Vom Sinn menschlicher Ordnung, 1956
v. Mangoldt-Klein, Das Bonner Grundgesetz. Erläutert von Hermann v. Mangold und Friedrich Klein, Bd. I, 1957
Martin, Lehrbuch des Teutschen gemeinen Criminalrechts, 1829
Matthäus, De criminibus. Trajecti ad Rhenum 1644, 1. Aufl.
Maunz-Düring, Grundgesetz-Kommentar, Lieferung 1–6, 1963
Maurach, Deutsches Strafrecht. Allgemeiner Teil, 2. Aufl., 1958; Besonderer Teil, 3. Aufl. 1959
—, Kritik der Notstandslehre, 1935
Mausbach-Ermecke, Katholische Moraltheologie
Bd. I, 8. Aufl. 1954
Bd. III, 10. Aufl. 1961
Mayer, Hellmuth, Strafrecht, Allgemeiner Teil 1953
Mayer, Max Ernst, Der allgemeine Teil des deutschen Strafrechts, 2. unveränd. Aufl. 1923
Meister, Die Widerspruchslosigkeit der Rechtsordnung, MDR 1947 S. 47–49
Merkel, Die Kollision rechtmäßiger Interessen und die Schadensersatzpflicht bei rechtmäßigen Handlungen, 1895
Messner, Ethik – Kompendium der Gesamtethik – 1955
Mezger, Moderne Wege der Strafrechtsdogmatik, 1950
—, Strafrecht, Allgemeiner Teil – Ein Studienbuch – 9. Aufl. 1960 (abgekürzt: StuB AT)
—, Strafrecht – Ein Lehrbuch – 3. unveränd. Auflage 1949
—, Die subjektiven Unrechtselemente, GS Bd. 89 (1924) S. 207–314
Moriaud, Du délit nécessaire et de l'état de nécessité, 1889
Müller, Existenzphilosophie im geistigen Leben der Gegenwart, 2. Aufl. 1958
Nagler, Der Überzeugungsverbrecher, GS Bd. 94 (1927) S. 48–71
Naucke, Kant und die psychologische Zwangstheorie Feuerbachs, Kieler Rechtswissenschaftliche Abhandlungen Nr. 3, 1962
Nelson, Kritik der praktischen Vernunft, 1917
Neubecker, Zwang und Notstand in rechtsvergleichender Darstellung, Bd. I Grundlagen: Der Zwang im öffentlichen Recht, 1910
Niederschriften über die Sitzungen der Großen Strafrechtskommission, 2. Bd. Allgemeiner Teil, 14.–25. Sitzung, Bonn 1958
Nipperdey, Die Würde des Menschen. Die Grundrechte, Handbuch der Theorie und Praxis der Grundrechte, herausgegeben von Neumann, Nipperdey, Scheuner, 2. Band, 1954 S. 1–50
Nowakowski, Zur Lehre von der Rechtswidrigkeit, ZStW Bd. 63 (1951) S. 287–331
Oehler, Das objektive Zweckmoment in der rechtswidrigen Handlung, 1959
—, Die Achtung vor dem Leben und die Notstandshandlung, JR 1951 S. 489–495
Oetker, Notwehr und Notstand, Vergleichende Darstellung des deutschen und ausländischen Strafrechts; Allgemeiner Teil, Bd. II, 1908, S. 254–395
—, Notwehr und Notstand, Frank-Festgabe, Bd. 1, 1930, S. 359–388
Olshausen, Kommentar zum Strafgesetzbuch, 10. Aufl. 1916; 12. Aufl. 1942, bearbeitet von Freiesleben, Hörchner, Kirchner, Niethammer
Peters, Zur Lehre von den persönlichen Strafausschließungsgründen, JR 1949 S. 496–500
—, Die Tötung von Menschen in Notsituationen, JR 1950 S. 742–746
Pieper, Über die Gerechtigkeit, 2. Aufl. 1954

Püttmann, Elementa iuris criminalis, Lipsius 1779
Pufendorf, De Iure Naturae et Gentium, Text von 1688, Oxford 1934
—, De Officiis Hominis et Civis, Leipzig und Wolfenbüttel, Christ. Meisner 1734
Rabe, Die Entwicklung des Notstandes von der Aufklärungszeit bis zum Reichsstrafgesetzbuch, Diss. Göttingen 1930
Radbruch, Der Geist des englischen Rechts, 3. Aufl. 1956
Reiner, Pflicht und Neigung, 1951
Reinicke, Zur Rechtsprechung des Obersten Gerichtshofes für die britische Zone über die Anwendbarkeit des Grundsatzes in dubio pro reo bei Strafausschließungsgründen, MDR 1950 S. 77–79
Rittler, Lehrbuch des Österreichischen Strafrechts, I. Band, Allgemeiner Teil, 2. Aufl. 1954
Roßhirt, Lehrbuch des Criminalrechts, 1821
Roxin, Offene Tatbestände und Rechtspflichtmerkmale, 1959
—, Täterschaft und Tatherrschaft, 1963
—, Zur Kritik der finalen Handlungslehre, ZStW Bd. 74 (1962) S. 515–561
—, Zur Abgrenzung von bedingtem Vorsatz und bewußter Fahrlässigkeit, JuS 1964 S. 53–61
Salchow, Lehrbuch des gemeinen in Deutschland gültigen peinlichen Rechts, 3.Aufl. 1823
Sartre, L'existentialisme est un humanisme, Paris 1946 (L'Edition Nagel)
Sauer, Allgemeine Strafrechtslehre – Eine lehrbuchmäßige Darstellung – 3. Aufl. 1955
Sax, Zur Frage der Kuppelei bei Geschlechtsverkehr unter Verlobten, JZ 1954 S. 744–477
Schaffstein, Die allgemeinen Lehren vom Verbrechen in ihrer Entwicklung durch die Wissenschaft des gemeinen Strafrechts, 1930
Das Verbrechen als Pflichtverletzung, 1935
Schaper, Begriff und allgemeiner Tatbestand des Verbrechens, in Holtzendorffs Handbuch des deutschen Strafrechts, Band II, Berlin 1871, S. 87ff.
Scheler, Der Formalismus in der Ethik und die Materiale Wertethik, 3. Aufl. 1927
Schiller, Über Anmut und Würde, Philosophische Bibliothek Bd. 103, 1922, S. 95–157
Schilling, Friedrich Adolph, Lehrbuch des Naturrechts oder der philosophischen Rechtswissenschaft mit vergleichender Berücksichtigung positiver Rechtsbestimmungen,1859
Schilling, Otto, Handbuch der Moraltheologie, I. Bd. 1952
Schlatter, Die christliche Ethik, 4. Aufl. 1961
Schmidhäuser, Der Begriff des bedingten Vorsatzes in der neuesten Rechtsprechung des BGH und in § 16 Komm. Entw. StGB Allg. Teil 1958, GA 1958 S. 161–181
—, Gesinnungsmerkmale im Strafrecht, 1958
Schmidt, Eberhard, Die Besuchspflicht des Arztes unter strafrechtlichen Gesichtspunkten, 1949
Anmerkung zu OGHBrZ, SJZ 1949 Sp. 347ff. (= OGHBrZ 1/321ff.), SJZ 1949 Sp. 559–570
—, Empfiehlt es sich, daß der Gesetzgeber die Fragen der ärztlichen Aufklärungspflicht regelt? Gutachten für den 44. Deutschen Juristentag – Bd. 1, Teil 4 – 1962
—, Einführung in die Geschichte der deutschen Strafrechtpflege, 2. Aufl. 1951
Schmidt, Konrad, Die Interessen- und Pflichtenkollisison im Rahmen des § 330c StGB, Diss. Bonn 1949 (Mschr.)
Schönke-Schröder, Strafgesetzbuch-Kommentar, 11. Aufl. 1963
Schröder, Die Notstandsregelung des Entwurfs 1959 II, Eberhard Schmidt Festschrift 1961, S. 290–300
Schroeter, Handbuch des peinlichen Rechts, Band I, 1818
Schultz, Existenzphilosophie und Rechtsphilosophie, Studia Philosophica 18 (1958) S. 167–188
Schwarz-Dreher, Strafgesetzbuch und Nebengesetze, Kommentar, 25. Aufl. 1963
Siegert, Notstand und Putativnotstand, 1931
Sieverts, Beiträge zur Lehre von den subjektiven Unrechtselementen im Strafrecht, 1934
Simmel, Einleitung in die Moralwissenschaft, 2. Band 1893
Simonson, Der Mignonette-Fall in England, ZStW Bd. 5 (1885) S. 367–388
Soe, Christliche Ethik, 2. Aufl. 1957
Spranger, Lebensformen, 3. Aufl. 1922
Stammler, Darstellung der strafrechtlichen Bedeutung des Notstands, 1878

Stein, Die verfassungsrechtlichen Grenzen der Rechtsfortbildung durch die Rechtsprechung, NJW 1964 S. 1745–1752
Stratenwerth, Dolus eventualis und bewußte Fahrlässigkeit, ZStW Bd. 71 (1953) S. 51–71
Talmud Babli, Baba Mesia, 1882 (Talmudic. Jurisprud. Otd. 2), Bd. 14 der Großen Wilnaer Ausgabe der Gebr. Romm
Temme, Lehrbuch des preußischen Strafrechts, 1853
Tesar, Staatsidee und Strafrecht, Abhandlungen des Krim-Instituts der Universität Berlin, 3. Folge, 1. Bd., 3. Heft, 1914, S. 1–13
Thomas von Aquin, Summa Theologica, Deutsch-lateinische Ausgabe der Summa Theologica, herausgegeben von den Dominikanern und Benediktinern Deutschlands und Österreichs, Bd. 18, 1953, kommentiert von Arthur Fridolin Utz OP., übersetzt von Heinrich Christmann OP.
Thomasius, Institutiones Jurisprudentiae Divniae, 7. Aufl. 1730
Thyssen, Zur Rechtsphilosophie des Als-Seins, ARSP 43 (1957) S. 87–96
Tittmann, Handbuch des gemeinen deutschen peinlichen Rechts, Bd. 1, 1806
Tönnies, Gemeinschaft und Gesellschaft, 2. Aufl. 1912
Wachenfeld, Lehrbuch des deutschen Strafrechts, 1914
Waechter, Das Königlich Sächsische und das Thüringische Strafrecht, 1857
—, Lehrbuch des röm.-teutschen Strafrechts, 1825–1826
v. Weber, Das Notstandsproblem und seine Lösung in den deutschen Strafgesetzentwürfen von 1919 und 1925, 1925
—, Die Pflichtenkollision im Strafrecht, Festschrift für Wilhelm Kiesselbach, 1947, S. 233–250
Wegner, Strafrecht, Allgemeiner Teil, 1951
v. Weigelin, Das Brett des Karneades, GS Bd. 116 (1942) S. 88–98
Weischedel, Recht und Ethik, Schriftenreihe: Juristische Studienges. Karlsruhe, Heft 19, 2. Aufl. 1959
Welzel, Das Deutsche Strafrecht, 7./8. Aufl. 1960/63
—, Zum Notstandsproblem, ZStW Bd. 63 (1951) S. 47–56
—, Anmerkung zu BGH v. 5. 3. 49 in MDR 1949, S. 370–373 = BGHSt Bd. 1 S. 321 ff. in MDR 1949, S. 373–376
—, Naturrecht und materiale Gerechtigkeit, 4. Aufl. 1962 (3. Aufl. im Text bes. gekennzeichnet)
—, Das neue Bild des Strafrechtssystems, 4. Aufl. 1961
Wessely, Die Befugnisse des Notstandes und der Notwehr nach österreichischem Rechte mit Berücksichtigung des gemeinen Rechts und der neueren deutschen Partikulargesetzgebungen, 1862
Wharton, A Treatise on Criminal Law of the United States, 11th Edition by James M. Kerr, Vol. I, 1912
Woesner, Strafrechtlicher und sittlicher Schuldvorwurf, NJW 1964 S. 1–5
Wolf, Erik, Griechisches Rechtsdenken, Bd. I, 1950
Wolff, Christian, Grundsätze des Natur- und Völkerrechts, worin alle Verbindlichkeiten und alle Rechte aus der Natur des Menschen in einem beständigen Zusammenhange hergeleitet werden, 1754
Wolff, Hans J., Typen im Recht und in der Rechtswissenschaft, Studium Generale 1952, S. 195–205
Wolter, Das Notrecht, Archiv für Rechts- und Wirtschaftsphilosophie, Bd. 22, (1928–29) S. 66–83
Würtenberger, Die geistige Situation der deutschen Strafrechtswissenschaft, 1957

Kolibri 360 GmbH
Ferdinand-Jühlke-Straße 7
99095 Erfurt, Deutschland
produktsicherheit@kolibri360.de